送給我敬愛的母親

教會事工系列
兒童事工

跳！跳！跳！動物嘉年華！

陳芝瑛 著

基道出版社

▼

教會事工系列 · 兒童事工

跳！跳！跳！動物嘉年華！

Jump! Leap! Plunge! Carnival of the Animals!

作者
陳芝瑛 Chan Chi Ying

責任編輯
李慧儀

裝幀設計
李贊海

■

出版／發行
基道出版社
香港沙田火炭坳背灣街26號富騰工業中心1011室
LOGOS PUBLISHERS
Unit 1011, Fo Tan Ind. Centre, 26 Au Pui Wan St., Shatin, Hong Kong
電話：(852) 2687-0331 傳真：(852) 2687-0281
網址：http://www.logos.com.hk

承印
海洋印務有限公司

●

3/2006初版
Cat. No. LP358
ISBN 10: 962-457-305-0
ISBN 13: 978-962-457-305-3

Printed in Hong Kong

鳴謝：感謝祢！

感謝祢！在祢的恩典和祝福下，讓金巴崙長老會道顯堂的幼稚園級主日學，與幼兒的身量一起成長。二至五歲的幼兒由以前的十位八位，增長到現時的四十多位，我們看到天父祢在祝福這教會。多年來，在建構幼稚園級主日學的課程上，祢讓我和一眾導師得到本堂創堂牧師余達心牧師、現任堂主任袁沛充牧師、前堂主任劉正文宣教師及前兒童事工統籌張佩斯姊妹對事工的支持，他們給予我們無限的空間和信任去規劃課程和活動。

感謝祢！賜給我在幼稚園主日學事奉上有共同異象和感召的導師成為我的伙伴，讓我知道在事奉的路途上並不孤單，他們多年來的參與和支持，讓我更有信心地向著這個教學新方向發展，他們的真誠投入和創意令大家一起共震出一個探索空間。而香港電台第四台節目主持賴建群為「舞吧！舞吧！」所選的音樂，亦令到活動更具幻想空間。

感謝祢！讓事工得到家長的參與和支持。因著家長們的信任和鼓勵，讓我和其他導師在課堂中敢於嘗試不同的教學法，在失敗中繼續嘗試，沒有家長們的支持和接納，我們寸步難行。

感謝祢！讓我生長在一個基督教家族裏，自小便有機會認識祢，在眾多長輩的禱告和祝福下成長。祢又賜給我一個美好的家庭，在丈夫的支持下，我能安然去進修和事奉；因著兒子們的活潑好動和特別的學習需要，讓我學會欣賞生命獨特的創造。

天父，我感謝祢！讓我蒙恩有機會去事奉祢，求天父繼續施恩，讓我和一眾導師能與祢的小羊一起在主日學中體驗祢的恩典，在事奉和教學的過程中學習更多。

感謝祢！願一切的榮耀都歸於尊貴的祢。

創意無限的——是祢！

余序

「遊戲，是天父給孩子的工作。」看似極其簡單的一句話，卻蘊含著深邃的遊戲神學(對，是「遊戲神學」)以及兒童教育重要的洞見。遊戲是天父的禮物，也是交託的責任，是工作。小孩子如是，大人也如是。無怪乎每一個小孩玩耍的時候都是那麼執著、認真，“as if it were real”(「好似真的一樣」)。培育兒童的執著、認真，遊戲是不可少的環節。同時，兒童就在這工作中學習，學習享受天父所創造的世界，開出一道心靈眼睛，看到其美，看到色彩，感受生命充滿節奏。不單如此，在探索世界的同時，他們透過遊戲也在探索人與人之間的關係，建立信任。遊戲是最直接的教材。

不過問題是，玩遊戲怎樣才可玩得有趣、有道、有情，使兒童忘我地投入，引發創意，體會成就，並享受羣體的喜悅？這正是最考功夫之處。關鍵在，本身具創意、有創作實戰經驗，卻又懂得兒童教育心理的人肯全情投入那通常在教會中不起眼的兒童工作，並熱切地反省經驗的一個人，願意將經驗及實際的心得與人分享。我的會友芝瑛正是這樣的一個人。在我眼中，她是一個充滿創意的人，也經過了編、導、舞台、影像、音響那千變萬化、電光火石的熬煉。因此，她所示範的教材正好展示了編導的細緻、精密組織的心思，和活動推演的動力。

這本書不是節目編排的技巧。不，正如作者自己說，「《跳！跳！跳！動物嘉年華！》此書不單是一個教案分享，並且是一個理念的分享，一個按著幼兒活潑好動，又愛思考和創作的本性去發展的主日學教學概念」。或許更重要的是，這教材是要將聖經的真理寓於兒童最喜歡做的工作之內。

在不少的日子，芝瑛在道顯堂盡心地參與兒童基督教教育的工作，在不覺間，影響了一批又一批的小生命，作為牧師的我，在默默中向她致敬。使我驚訝的是，看似簡單的一本兒童主日學的材料，竟使我感到有趣。我衷心祝賀芝瑛這本書的出版，也深信它會對兒童主日學的老師有很大的幫助。

余達心

二〇〇六年二月

自序

老實説，我從來沒有想過會當起教師來。

我喜歡接觸不同工作項目，享受進行與影像和聲音有關的工作，我愛線條的起伏，愛光影的交織，愛色彩的拼湊，愛速度，愛感覺，愛故事，愛「情」，愛人……舞台、菲林和原稿紙的千變萬化，給予我極大的滿足感，在思想上有任我奔馳的空間。

當教師，朝八晚六，千篇一律的工作模式，同一份教案一星期教足全級的教學生活，我實在無法勝任。而且，教育專業本身是一門「以生命燃點生命」的崇高職業，自問無德無能，不敢高攀。然而世事無絕對，在天父的眼中，只要是祂允許的，一切都會變得有可能。幾年前，我認識了一位教育家陸兆平博士，我被她的教學熱誠感動了，在丈夫的支持及兩名兒子都上了小學的條件下，我重返校園進修，在眾多的教育課程中，我選擇了修讀幼兒教育學。

我愛幼兒的天真和坦率，他們有如一張簇新的原稿紙和未開封的菲林，等待著成人引領他們曝光，走向世界，為他們的生活經驗加添光影和色彩。幼兒教育，是塑造一個人學習取向和態度的重要基礎。

可幸的是幼兒教學跟中小學教學不一樣，幼稚園並沒有一份教案教幾遍的情況，幼稚園的教學活動是天天不同，日日新鮮的，對我來説實在較為吸引。況且，我能將所學到的知識和技巧在主日學事工上實踐，沒有比這事更美的了。當年我在學院進行該年度的教學示範，教學內容有部分便是從其中一次主日學活動中抄過去的。

「跳！跳！跳！動物嘉年華！」是金巴崙長老會道顯堂二〇〇四年度Summer Surprise幼稚園級的暑期主日學課程。Summer Surprise從字面解釋，是希望在炎炎夏日裏為孩子帶來一些驚喜。

第一次的Summer Surprise是在二〇〇一年舉行，當時我提出這個建議，是希望藉著這個特別節目，讓導師和幼兒有一個另類的嘗試，大家走出一般主日學課程編排的框架，在場地和人手編配上作大膽的安排，從中測試一下幼兒的接受程度和喜好，並找出令幼兒能有效學習的教學方法，好讓我們在編排正規主日學時，能有一個清晰的發展方向。

我認為身為主日學導師，應當尊重幼兒以遊戲去學習的天性，以及接納每位幼兒在認知和社交上的發展有個別差異的情況，並關顧一些有特殊學習需要的幼兒，給予他們有公平參與的機會。

因此，在設計Summer Surprise活動時，會顧及到靜態和動態、創意和思考、單獨和羣體的活動，讓不同性格和學習喜好的幼兒，在Summer Surprise眾多的活動中，找到令他能主動參與和積極投入的活動。二〇〇五年的「海上歷奇」和二〇〇六年的「一一事件大搜查」都是從這個方向著手去設計活動內容的。

可能是因為以前從事電視劇和廣播劇製作的關係，我比較多放心思在演繹故事手法和控制整體課堂氣氛上。上次我跟幼兒一起做紙袋手偶玩故事遊戲，今次我便會用積木去砌場景講故事，讓幼兒和導師一起建構，一起參與。試想想，每次上課前幼兒都預知了導師會跟他們玩甚麼的話，是多麼沒趣味的一件事！但以理與獅子坑的故事，幼兒熟得倒轉唸，然而轉換一下重心，試從獅子的角度去看但以理，會帶來另一番驚喜，大家又有得去玩了。

為了讓年幼的孩子能明白聖經的教導，除了參考「教師本」外，多年來天父讓我學會了先讓信息在自己的心中沉殿，檢視信息在自己生命中的迴響，將此化作為教學中心內容，按著幼兒的認知和體能發展特質，再設計合適活動讓孩子明白真理，我發覺這樣較能實踐「以生命影響生命」的互動作用，是天父透過孩子教識我的！因此，除了「主題信息」的演繹外，我很看重「分享和感恩」的環節，這是成人與孩子在主裏進行生命交流的美麗時刻。

可惜的是，由於當初並沒有想到「跳！跳！跳！動物嘉年華！」會有機會出版，故此，當年並沒有顧及到出版所需，拍下幾張相關活動和作品的照片供讀者朋友參考。書本和光碟內的照片，部分是主日學內部的存檔記錄，亦有部分是從家長中搜集得來的，希望這些僅有的照片，能讓讀者朋友對這個活動有多一點的了解。

此書的出版目的只有一個，就是藉著「跳！跳！跳！動物嘉年華！」的活動，將本堂的幼兒主日學教學理念和實踐經驗跟讀者朋友分享，盼望大家在事工上互相勵勉，共同努力，緊守主日學導師的事奉崗位，去服事天父的小羊。書中內容不善盡美之處，懇請讀者朋友包涵見諒。

主僕

芝瑛

二〇〇五年十二月

目錄

活動大綱及所需物資清單

音樂篇

如何使用這本書

「跳！跳！跳！動物嘉年華！」是一個為期六個星期的幼稚園級主日學暑期特別活動，每星期在主日學時段進行，每次的活動時間為一個半小時，當中包括了分享、代禱、讚美、唱遊、律動、肢體造型創作、音樂欣賞與聆聽、主題故事、專題探究、茶點和集體手工創作等環節，活動過程中包含了德、智、體、羣、美、靈六大元素，透過音體美活動讓幼兒認識當天教授的主題，是一個設計較為全面的幼兒活動。

如此一個內容多樣化的活動，所牽涉的人力資源和場地空間雖然不少，表面看來，小型教會好像難以實行這本書的活動內容，然而事實卻不然。《跳！跳！跳！動物嘉年華！》的出版目的，主要是跟主內同道分享如何實踐以活動為中心的幼兒主日學，著重透過以切合幼兒發展為本的活動設計理念，以簡單和有趣的方式教導幼兒明白聖經的信息。

因此，此書不單是一個教案分享，並且是一個理念的分享，一個按著幼兒活潑好動，又愛思考和創作的本性去發展的主日學教學概念。

我們不單期望每位主內同道能找到合適的材料，可照著書中建議的程序去實踐，更期望各同道能靈活地按著貴教會的主日學的需要，選取合適的活動去建構暑期主日學活動，並將此書的理念延伸至正規主日學課程的活動設計和編排上。

若然貴教會一向有安排一連數天，每天三小時的暑期聖經班的活動，那麼，除了建議將此教案的每一個環節時間加長外，也可以加入分組討論、茶點時間、兒歌創作或以接龍方式去重溫主題故事等活動。又或者考慮將手工活動豐富化，在動手創作前，可以預留多些時間讓幼兒重溫有關資料，如閱讀關於是日主題動物的圖書、錄影帶、相片、玩具、手偶、海報、雜誌等，讓幼兒對該種動物在外型上先有一定的認識，然後才安排他們分齡進行手工製作，或合作去製作一件大型的作品。在創作的過程中，應給予幼兒充足的討論時間、製作時間和創作空間。在你的支持和引導下，你會發現幼兒往往會帶給你意想不到的驚喜。

希望此書能帶給你在幼兒主日學教學上一點思維上的刺激。

主題理念及教學分享

幼兒是從遊戲和實踐中學習的

遊戲，是天父給孩子的工作。

天父創造萬物時，都有祂特別的意思和安排。幼兒天真、活潑好動又愛遊玩，他們喜歡接觸新奇有趣的事物。天父讓幼兒眼、耳、口、鼻、手並用，來探索祂所創造的世界，是為了讓他們看得更真、摸得更徹，好滿足他們幼小的好奇心。

這就是《跳！跳！跳！動物嘉年華！》的理念：順應天父創造的本意，設計合適和有意義的活動，讓幼兒在「有得做、有得玩」的情境中學習。我期望通過戲劇、體育遊戲、音樂律動和美術勞作，加深幼兒對主題內容的了解，令幼兒自由表達、創作和發揮各項潛能。

幼稚園級主日學的內容一般離不開講故事、唱歌、吃茶點、做手工和玩遊戲，但是唱甚麼詩歌？如何挑選歌曲？如何領唱？領唱時又可以怎樣玩？故事內容是否切合幼兒的心智和認知程度？信息演繹方法是否有趣味？活動安排是單向式還是希望師生之間有互動？美勞活動內容與信息主題是否切合？活動過程是否有探索及創作空間？美勞材料又是否多元化？導師有沒有靈活運用教會的地方？

這些都牽涉到主日學導師對幼兒教育的了解，幼兒活動並不是將成人喜愛或認為有意義的活動簡單化，而是要從切合幼兒的興趣和能力發展為本位去設計和安排。

香港教育統籌局《學前教育課程指引》對幼稚園級主日學的啟示

政府在一九九五年成立一個工作小組，彙集了各幼稚園及學前教育培訓機構資深工作者的意見，編成《學前教育課程指引》。指引訂明，學前教育課程要兼顧兒童體能、智能、語言、美育、情緒及羣性的整體發展。學前教育的課程宜依據下列十項原則編訂：

❶ 兼顧兒童在體能、智能、語言、美育、情緒及羣性方面的整體發展。
❷ 按照兒童的發展需要及能力。
❸ 依據兒童的經驗及興趣。
❹ 側重激發兒童對事物的好奇心及求知欲，提高人際互動，鼓勵獨立思考的能力。
❺ 兼顧不同學習範疇的知識、技能及態度的培養。
❻ 採用不同主題，作靈活性的綜合課程設計。
❼ 以遊戲方式發揮各種活動所具有的獨特價值及功能。
❽ 讓兒童有自我表達、自由創作及享受活動樂趣的機會。
❾ 重視家庭文化環境，配合兒童在家庭生活中的成長經驗。
❿ 配合社會需要和發展。

指引提醒了我們，在設計主日學課程和活動時，要促進幼兒德、智、體、羣、美、靈各方面的均衡發展，按幼兒的能力和興趣，設計有意義的活動，照顧知識、技能和態度的培養，以遊戲方式發揮各種活動所具有的獨特價值及功能，並讓幼兒有自我表達、自由創作及享受活動樂趣的機會。幼兒每星期才上一次主日學，作為主日學導師的，更應當順著幼兒的發展和興趣，去精心準備教學，讓幼兒期待著這一星期一次的寶貴課堂。

就著以上的指引，在設計《跳！跳！跳！動物嘉年華！》時，我便將德育、認知、音樂、體育、美術和靈命教育六個範疇放進去，圍繞著音樂、體育和美術三方面去設計活動，令活動變得均衡和豐富。

3 幼兒音樂

音樂是人類的共通語言，人類對音樂的反應和感受是與生俱來的。音樂具有生命和活力，是表達思想感情的重要渠道之一。例如：輕快的歌曲，能讓聽眾感受到歡欣和積極的氣氛；而低音的哀怨旋律，則令人有種擔憂和失去盼望的感覺。

對於幼兒來說，音樂能緩和他們的情緒，和提供自我表達的機會。林惠雯等(藍美容主編，2000)認為透過唱歌和遊戲，幼兒能夠增強自己對學習能力的信心，和解決問題的能力。同時，歌曲能誘發相配的動作，幫助幼兒發表個人感受，讓幼兒發掘和探索自己身體所能做出的不同動作，並促進幼兒之間的溝通和社交能力的發展。

有見及此，主日學的領詩安排上，除了唱歌之外，會鼓勵導師加入音樂欣賞、律動、音樂遊戲和樂器敲擊等環節，豐富詩歌敬拜的活動內容，令唱詩成為幼兒期待參與的主日學活動之一。

一個豐富和環環緊扣的活動，需要導師在事前有充分準備。要拿捏得準，導師必須要認識任教班內幼兒的能力、興趣和需要。透過跟他們接觸和傾談，並嘗試從幼兒的角度看事物，便會較容易知悉他們的傾向和喜好，以至能設計出令幼兒感興趣的音樂活動，讓他們主動參與，享受箇中樂趣。主日學領詩的目的，在於幫助幼兒感受詩歌，享受音樂，讓幼兒投入敬拜。

導師是活動的設計者和組織者，導師在設計活動時，必須有充分的準備：設定遊戲的進行方法及應有的規則。例如：分組的原則、公平分配角色的方法、怎樣開始和結束等。詳細的計劃加上清晰而仔細的指示，幼兒才能掌握遊戲的次序和方法，順利地進行遊戲。導師可鼓勵幼兒思考，創作新的動作、歌詞、旋律和遊戲方法等。導師還應注意，要提供充足時間讓幼兒去進行探索和遊戲。

《跳！跳！跳！動物嘉年華！》中「舞吧！舞吧！」環節的設計概念，是透過感受音樂的節拍和節奏，配合肢體動作去模仿各種動物的形態，去表達自己對該種動物的感受。透過角色扮演，幼兒得到自由表達的機會，他們的想像力受到啟發，控制身體和互動合作的能力都能得到提升。

請注意，適合幼兒的音樂，應該是節奏鮮明，易於分辨輕重及快慢的。導師可先將音樂播放給幼兒靜心聆聽和欣賞，然後才讓幼兒跟著音樂進行模仿性或創作性動作，例如節奏慢的時候，幼兒要做慢的動作，節奏快的時候，幼兒便要做明快的動作。律動給孩子提供很多創作的機會，讓他們提高創作力，並培養欣賞優美動作的能力。過程中，讓孩子了解自己的身體，並自由地運用自身豐富的肢體語言來表達自己。

導師要多用導向性指引，引導並鼓勵幼兒自發地運用肢體表現自己，促進他們的多元思考能力和創作的自信心。多設計集體活動，以培養幼兒互助、合作、樂羣和尊重別人的態度。透過唱歌和遊戲，幼兒能增強自己對學習能力的信心，和解決問題的能力。與此同時，歌曲能誘發相配的動作，幫助幼兒主動地表達自己，增強自信。幼兒從活動中能發掘、探索自己身體所能做出的不同動作，學會欣賞自己和別人的肢體美，促進幼兒間的溝通和社交能力的發展。

歌曲選取得宜，有助幼兒投入活動，在能唱到和能做到的情況下，成功感會驅使幼兒更積極參與唱詩活動，在過去的事奉日子當中，我累積了些選曲的經驗和心得，願藉此機會跟各位導師分享一下。

歌詞

❶ 要帶出正面和喜樂的信息，讓幼兒邊唱邊享受其中的樂趣，並帶來安慰、滿足感和安感。

❷ 內容是幼兒能理解及所熟悉的事物。

❸ 歌詞和節拍能容易配上相關動作，加強幼兒對詩歌的理解和記憶。
❹ 歌詞用字須簡單顯淺。
❺ 如歌詞能促進正面的互動便更理想，例如：《歡迎歌》，《早安歌》等，便是包含德育，能幫助幼兒發展社交能力的好歌曲。
❻ 一些有問有答的歌曲也是適當的選擇。

曲調

❶ 要因應幼兒的年齡及能力，選取不同音域的歌曲。
❷ 年紀愈小，音域愈窄，不適宜唱音調太高或太低的歌曲，歌曲的音域宜在Ｃ至Ａ；四至五歲的幼兒，音域可擴展至Ｂ；五至六歲的則可達Ｃ２。
❸ 若幼兒未能唱準音高，不要勉強他們。
❹ 宜學習二拍、三拍和四拍的歌曲。至於節奏方面，一般都以四分音符和八分音符為主，使幼兒易於掌握。
❺ 旋律方面要簡單和明快，音程不宜變化太大，旋律要優美動聽。
❻ 歌曲長度不宜太長，而且應該注意旋律和歌詞是否多重複，重複部分多，歌曲自然也容易記憶。

	三至四歲	四至五歲	五至六歲
音域	五個音	五至六個音	七個音左右
建議音高	C→A	C→B	C→C2
節奏	四分音符， 八分音符	四分音符， 八分音符， 二分音符	四分音符， 八分音符， 二分音符（或附點音符）
歌詞	約二至四句	約四至八句	約六至十二句

資料來源：藍美容編：《幼兒音樂》，2000

另外，唱歌是一項有關呼吸的活動，因此，導師在帶領幼兒開聲唱歌前，可以跟幼兒玩一些呼吸或開聲活動，成為詩歌敬拜活動的前奏。例如我們會引領幼兒去幻想一下雙手正捧著一個熱騰騰的漢堡飽：「深呼吸，一下一下地聞，好香哦，那麼熱，如何吃？吹幾口氣吧，呼～～呼～～呼！」以幼兒日常生活的細節著手去設計活動，他們便能容易掌握和玩得投入。

4 幼兒體育

幼兒天生愛玩，他們有用不完的精力，幼兒熱切渴望體能遊戲，因為在遊戲的過程中，通常都會感到開心和愉快。

幼兒身體活動可分為大肌肉活動和小肌肉活動兩大類。大肌肉活動指走、跑、跳、攀、爬、投擲等動作；而手指尖的活動、手指的屈伸、手眼協調的動作等均屬小肌肉活動。

遊戲活動雖然以大肌肉活動為主，但透過有系統的活動編排，配合適當的場地、設備、器材及環境，是可以促使幼兒在認知、情緒及技能各方面得到全面的發展的。在《跳！跳！跳！動物嘉年華！》的體能活動中，幼兒除了學會一些體能技巧和進行情感表達外，也能透過體能遊戲加深對該種動物的知識。

從參與遊戲活動中，幼兒可體會到遵守遊戲中公平的規則、學習自律及培養公平競爭的態度。與別人一同遊戲時，幼兒往往會遇到不同的意見，就可學習尊重對方，了解對方的想法。遇到遊戲中要分勝負時，幼兒則可學習到接受勝利與失敗，體驗「勝利不驕傲，失敗要進取」的道理，藉以培養出體育精神。透過參與遊戲活動，幼兒還有機會收拾和整理用具，培養樂於服務的精神。

透過小組及集體活動，幼兒可體會同心協力，體會互助合作的重要。例如玩第五日的「分辨善惡大風吹」時，若然大家不留心不合作，遊戲便無法進行。要互相合作，幼兒就要學習與別人保持良好的關係，從而發展社交生活和與人相處的技巧。遊戲又是幼兒抒發感受的機會，他們可從中學習抒發感

受的方法。

在動作發展階段中，幼稚園級孩子屬於基礎動作階段，跑、跳、投擲、抓、踢等，都是基礎動作。而在基礎動作階段中，他們處於基本期，此時期的幼兒做跑、跳、爬的動作比以前敏捷，身體的行動開始變得協調、靈敏、有韻律感，他們控制動作的能力也較佳，能將球送出，同時也能接球，也能做到青蛙跳的跳躍動作。

藍美容等(2000)將基礎動作技能分作三大類：

第一類 移動技能	指身體位置的轉換，包括：步行、跑步、跨跳、雙腳跳、單腳跳、滑步、跑馬步、跑跳步、爬行、攀爬、身體滾動。
第二類 穩定技能	指掌握或維持個人在活動時的動態和靜態的平衡能力，包括：伸展、屈曲、蜷曲、擺動、轉體、旋轉、推、拉、提升、著地、平衡、停、閃避。
第三類 用具操控技能	一般指送出和接收物體的動作，包括：滾動用具、拋、擲、踢、擊、運球、拍、接收。

當我們設計體能活動時，可參考一下這三大類基礎動作，令活動更切合幼兒的發展能力，提升投入感和趣味性。導師可以因應主日學的信息去創作有意義的體能活動，簡單動作例如拋接球，導師可以創作成互相分享喜樂的遊戲，先請幼兒圍成一個大圈，介紹大棉球或沙灘球便是「喜樂」，請幼兒先叫一位幼兒的名字，然後將手上的球(喜樂)拋(或送)給他。導師只要花點心思，便可以將一些簡單的體能活動意義化，合乎主日學使用。

5 幼兒美術

綠茵草原，藍天碧海，色彩斑斕的海底世界，都是天父的奇妙創造。每一朵小花，每一隻昆蟲，都有其獨特的美態，顏色配搭得恰到好處。置身在大自然中，就有如進入了一所大得無比的藝術館裏，每一個角落都有令人值得去欣賞的美。而美術活動，就是一個令幼兒去欣賞、記錄和回應創造美的過程。

要滿足幼兒在成長過程的創作需要，美勞活動是其中一個好機會。雖然幼兒的作品表現簡單，但往往能反映他們的親身經歷和感知的事物，內容的深刻度不亞於成人的作品。然而，一般的美術活動往往被編排成為取悅成人的美勞製作，扼殺了幼兒的創意空間。

美勞活動不但能滿足幼兒對不同美勞物料的好奇心，也能讓他們在製作和完成作品時獲得滿足感，還可以促進幼兒手眼的協調、小肌肉的發展及與人合作和溝通的能力。

創造是「有中生有」的歷程。要培養幼兒的創造力，導師必須先幫助幼兒發展觀察力、思考能力、實踐創作的技能和鍥而不捨的求證與愛創新的態度。因此，《跳！跳！跳！動物嘉年華！》會在「原來係咁！」的環節，向幼兒介紹當日的主題動物圖片、幻燈、甚至是實物，讓他們在經過一定的觀察後，能建立一定的基礎認識。而稍後的形體創作以及美術活動，便能在這基礎認識上繼續發展。

視覺經驗觸發幼兒的創作意欲，他們繼而會採用不同的物料或方法去表達他們的感受。在幼兒階段的孩子，他們去看和理解這個世界時，都是以自我為中心的，也因此，他們充滿想像力、好奇心和幻想力。導師在美術活動過程中，要為幼兒選擇適當及多元化的物料，以激發幼兒探索物料，及培養他們學習掌握運用不同的技巧來表達思維。幼兒在塗鴉和撕貼的過程中，會不斷探索物料的特性、質感、線條和色彩等特質。因此，我們應為每次的美勞創作活動，準備幼兒平時較少接觸的物料，如彩色毛冷、錫紙、膠叉、紙杯、閃片或玻璃紙等，去滿足幼兒探索和創作的需求。

在眾多美術活動和工藝等中，拼貼和雕塑中的「塑造法」是較適合幼稚園級幼兒的，因不須運用太多工具，而且易收成效。適合「塑造」的物料有陶泥、各類廢紙、紙筒、紙盒、膠樽、已用膠紙封口的清潔鋁罐，以及紙杯等，將這些物料重組去創製一個形體。這就是《跳！跳！跳！動物嘉年華！》美勞創作的概念來源。

三至四歲的幼兒的小肌肉已有一定的發展，因此能做撕、貼、塑、拉、握、捏、丟、堆等多種加工及改變造型的工作，但因手部動作還未完全發展成熟，製作手工時只能塑造物體的基本部分，但未能細緻地完成細節部分。然而，五至六歲的幼兒能按自己喜歡的用具和材料進行製作，表達個人想法，對色彩和造型已有一定的客觀認識和主觀感覺。因此，當導師引導幼兒去欣賞別人的作品時，切記不要單從「像真度」和「美」的角度出發，導師更應該欣賞幼兒對主題的體會，以及讚賞他們「能做到」和「做得好」的地方。

公開展示幼兒的作品，不但能增強他們的自信心，亦能建立他們學習欣賞別人作品，和與別人分享經驗等能力。因此我們為暑期活動預備了一個森林佈置角落，將每次製成的動物模型放在角內展示出來，以供幼兒互相欣賞成果和分享經驗，亦將之成為課室內的主題佈置之一。導師要留意，展示角的高度應配合幼兒的身高和視線，讓他們能清楚看到展品。

6 幼兒靈命教育

幼稚園級主日學是幼兒認識基督教信仰的啟蒙者之一，但幼兒未有人生經驗，理解力尚淺，導師如何為他們進行靈命教育，以生命影響生命？

吳蘭玉博士(2004)認為，主日學導師用心投入、生命的傳遞和全心靠賴聖靈，都是改變生命的先決因素。

首先，身為主日學導師，我們在備課前必須**好好禱告**，讓聖靈先感動導師的心。我們亦要**用心投入**，去**傳遞生命的信息**，用心備課，在教導幼兒明白聖經教導之前，我們自己要先了解和認同聖經的教導。要達致最深入的「認知」，其方法莫過於生命的體驗，「我知道因為我親身經歷過」；這種「認知」能讓導師在傳遞信息時更有感染力和説服力。就好像分享見證的人一樣，他們在分享得救見證時的殷切和激情，是出自他們的生命受到改變和衝擊所致，那種喜樂和感恩的心，令他們願意站出來跟大家真誠地分享。

在我教高班的時候，在講完主題信息後，我喜歡跟幼兒分享一件發生在我身上的相關事情，以及我當時如何面對和解決。儘管有些地方他們不能完全明白，但他們會潛而默化地接收了我們的信仰價值觀，以及明白到聖經故事的真理和教導，是與日常生活息息相關的。經過頭兩次我親身分享後，高班的幼兒慢慢也學會跟著分享一點他們的經歷，幼兒的組織能力較弱，導師要悉心引導他們將事情和感受組織起來，幫助他們完成個人分享。導師作了個好榜樣，幼兒更容易明白神就是愛，在愛中成長的幼兒，也必懂得學效主耶穌，以愛去包容、以愛去寬恕、以愛心去待身邊的每一個人。

除了用心投入外，我們也要**用心了解個別幼兒的需要**，認識他們的個性和嗜好，對他們的家庭背景和在學校內的情況，也應用心去了解。用心去了解幼兒的心靈，深入了解幼兒的生活，當導師嘗試把聖經的真理融入幼兒的生命與生活中，這些用心和了解自然便會生出功效，這就是所謂進行改變幼兒生命的教學(吳蘭玉，2004)。了解個別幼兒是極之重要的，導師除了因材施教外，過程中與幼兒建立的關係與信任，能大大的增強導師傳授真理的説服力和感染力，她們對孩子的愛也在此不經意地流露出來。

靈命的培育不只是教導聖經，而是培育靈性生命。因此，我們當主日學導師的，要**關心幼兒的禱告生活**，讓他們學習在快樂時禱告，在煩惱時交託禱告，在傷心時向天父傾吐，在無助時求天父幫助，在需要時求天父賜予，在身體不適時求天父看顧保守等。讓幼兒透過豐富的禱告生活，建立與天父的親密個人關係。

每次主日學的開始之先，我們定必會有互相分享和禱告的時間，讓幼兒分享過去幾天開心或不愉快的經驗，主領導師在收集幾位幼兒的分享後，帶領眾幼兒一起為分享的事情禱告，為幼兒的喜樂感恩，也為個別的需要代求。過程中，幼兒能漸漸學會以禱告交託。起初，他們多會為自己提出代求，因為他們這個年紀較為自我中心，但慢慢地，他們會為身邊的親人代求，例如爸爸昨天擦傷了腳，又或者姐姐感冒流鼻水等。當然，導師不要忘記讚賞他們懂得關心身邊有需要的人！

此外，我們也應**關心幼兒的生活準則**，我們在教主日學的過程中，除了要強調聖經的教導外，也要強調生活的應用，讓幼兒學習建立一個正確健康的價值觀和生活準則。這方面如果能加上家長的配合就更理想。在了解幼兒的需要之外，若能了解家長，大家互相配合，才能事半功倍。與家長建立關係是需要時間去醞釀的。很多時下課後，我和其他導師都會主動接觸家長，尤其是新朋友和未信主的家長，透過分享他們子女在課堂的情況，導師和家長會慢慢地建立起親切和互信的關係，在良好的溝通下，雙方會較容易就著幼兒在信仰實踐方向上取得共識。

最重要是要靠賴聖靈去改變生命，聖靈給人教導的恩賜，又把有教導恩賜的人賜給教會，人的努力和聖靈的工作是相輔相成的(吳蘭玉，2004)。**聖**

靈就是教師，只有聖靈可以開啟幼兒的心靈，感動他們有所行動，改變生命。因為人不能靠自己獨力完成改變生命的工作，所以主日學導師當裝備自己，帶著禱告的心態來教導幼兒。

耶穌說：「讓小孩子到我這裏來，不要禁止他們，因為天國是屬於這樣的人的。」(新譯本；太十九14) 既然這是主耶穌留下的使命，主日學導師就應該帶著使命感來教導幼兒。

主日學是一個彼此接納的羣體

主日學是一個共融的羣體，主耶穌愛世上所有的人，包括患痲瘋的和瘸腿的、富有的和貧窮的。主耶穌並沒有放棄過他們的需要，因此，導師設計主日學的課程內容時，要顧及不同幼兒的需要，內容要動靜兼備，令每一位幼兒都能在其中找到他們樂於參與的活動。不論是暑期聖經班，還是每星期的主日學，導師都應設計多樣化的活動，滿足不同幼兒的需要。這是我作為主日學導師，對多元化活動教學的另一個層面的解釋。

然而，不論大型活動還是一般性課堂，對於一些有先天性特殊需要的幼兒，導師都需要因應他們個別的需要而作出相應的安排。這些安排可能會導致其他幼兒的反對，導師應教導班中其他的幼兒：天父造小鳥也有不同的外型和特性，每一種小鳥都有其本領，幼兒也是一樣。每人的樣貌和本領也不一樣，需要也不一樣，但天父尚且愛所有的小鳥和人，我們也應學會愛身邊所有的人。

例如患有自閉症和亞氏保加症的幼兒，主日學導師需要明白他們的自我中心觀和欠缺溝通及社交技巧的問題，才能對引伸出來的行為進行相關協助。在我班中曾有些患有自閉或自閉傾向，以及亞氏保加症的幼兒，我們並非特殊教育專家，但我們可以做到的是接納和包容，為這些幼兒帶來參與的機會和自處的空間，導師不用強逼這些幼兒坐好並參與大班活動。在不影響課室秩序下，讓這些幼兒隨意隨時來參與。如果他們這一刻不喜歡扮青蛙跳，卻想扮荷花或池塘裏的小生物，導師應尊重他們的意願，讓他們以這種方式參與其中。

對於過度活躍症和注意力不足症幼兒，導師可能需要安排多一兩名助教坐在他們身旁，協助這些幼兒專注並投入活動。在教材選取上，儘量準備一些顏色鮮艷，字體清楚簡潔，並具有互動功能的教材，以吸引這些幼兒的注意。導師的聲線也應清楚響亮，所站的位置應該是每一位幼兒能清楚看到的位置。我亦曾經試過在課堂中不時呼喚一些注意力不足的幼兒的名字，並邀請他們幫手做點課堂協助，藉此令他們的注意力回到我的身上。

對於有語言障礙、弱智、視覺／聽覺／肢體殘障的幼兒，除了需要安排有愛心和耐性的助教進行個別協助外，在課程內容上，導師要顧及他們的需要，讓他們在自身的長處上有發揮和參與的機會。我試過為語言發展遲緩的幼兒安排一兩條特別簡單的問題，讓他作答，他因為自己「能答到問題」感到十分開心，他所流露出的喜悅眼神，我到現在還印象深刻，這個方法提升了他日後對課堂的主動參與性。

對於患有哮喘的幼兒，課室應保持空氣流通和清潔乾淨。導師在設計體能活動時，除了顧及一般幼兒的大肌肉發展需要外，也應預備一些靜態的活動，讓這些幼兒能有所參與。

在預備茶點時，我們需要顧及患有食物敏感或葡萄糖酵素缺乏症的幼兒，避免讓他們進食不合宜的食物。在我班中，有數名幼兒患有葡萄糖酵素缺乏症及一位幼兒則對花生有敏感。因此，我們會避免在茶點中安排花生或含有花生成分的食物，以及蠶豆和有中藥成分的食品和飲品。導師們要養成閱讀食品成分標籤的習慣，以保障幼兒健康。若然當日的茶點要與主題有關，一定要用有花生醬的食物或飲菊花茶的話，導師要為這些幼兒準備一份相近的茶點(食物的外型和顏色儘量不要與其他幼兒的有太大不同)，避免將他們的特別需要標籤出來。

選擇合適的教學法

在構思和設計活動時，我們作導師的要依據幼兒的興趣和能力出發，發掘題材。至於如何將題材內容有效地傳遞給幼兒，就要視乎導師選用哪一種教學方法。以下是我過去多年在幼稚園級主日學實踐過的一些教學方法，而《跳！跳！跳！動物嘉年華！》的教學取向也是從中組合出來的。

一 多方參與令孩子明白

感官的參與： 導師應儘量利用幼兒的五覺(就是觸覺、嗅覺、味覺、聽覺和視覺)來學習的方式去設計教學活動。這就是為何在「原來係咁！」環節中，導師要準備那麼多元化的教材的主要原因。可運用的視聽教材包括：聖經圖畫、生活圖片、實物教材、法蘭絨故事板、立體圖型、投影教材、投影機和電腦投射、聖經地圖、福音故事或聖經故事卡通片、歌曲音樂、純音樂、聲效鐳射唱片。

思考的參與： 運用啟發性、具挑戰性問題，激發幼兒去動腦筋，產生學習動機。採用思想衝擊法，去刺激幼兒思考，例如：若然小鳥不會飛的話，以牠的身體外型和構造，在陸地上生活會遇上甚麼問題？

言語的參與： 言語的參與包括了與語文有關的活動，例如：唱歌、念金句、故事、說話回應、分享、重組故事、情境創作、遊戲、聆聽和討論等。對於聖經中較深奧的詞句或含義，導師可以以自己的話去解釋，舉出生活的實例，然後讓幼兒和導師一起進行討論。

感情的參與： 導師在教導完當日信息後，可以引導幼兒嘗試投入角色，用圖

畫、肢體動作、說話或文字、音樂來表達感受。也可以邀請幼兒與導師進行故事角色扮演，讓幼兒成為故事其中一個角色，加深幼兒對故事內容的了解，以及感受角色的處境。

行動的參與： 安排體能／遊戲／操弄的活動，讓幼兒從做中學。延伸活動，例如孩童撒母耳是母親的好幫手，導師可請幼兒參照撒母耳幫助祭司以利的好行為，鼓勵幼兒在家中作媽媽的好幫手。

二 聖經故事的演繹方法

說故事：最基本的做法，是導師帶著一本圖書或繪本，甚至手中無書，以單向方式跟幼兒說故事，配以手偶、法蘭絨故事板、面具、簡單道具將故事演繹出來。

發問討論：以順序漸進的問問題方式，透過幼兒回答問題，將故事的開始、發展及結尾帶出來。

獨白：導師將自己代入為故事的主角，站在幼兒前講述他的故事。可以有一些簡單的道具，或一兩位不作聲的配角演員協助演出。

訪問：導師向扮演主角的人（成人或小孩均可）以電視訪問形式，以訪問問題將故事組織出來。另一種做法，是由在座的幼兒向主角發問，加上導師從旁的引導下，將主題故事帶出來。

演劇：以話劇形式將故事演出來，通常是由成人為主導的做法，因為過程中會涉及對稿和排戲的過程。

默劇：這種演繹方法，我認為只適用於幼兒非常熟悉的故事上。顧名思義，默劇指成人或小孩單以身體動作和誇張的面部表情，去將故事做出來。在沒有基本認識的情況底下，沒有對白的默劇，一般都是幼兒難以理解的。但以默劇的形式來作為引起動機的活動，卻是非常有果效的，又或者將簡短的金句內容以默劇形式做出來，幼兒也會有很好的反應。

模仿圖畫：導師選取一本聖經圖書，打開第一頁，請一兩位幼兒及助教按著圖書上的人物或動物的圖樣，扮出相同的動作，由導師講故事。導師可訪問扮動作的幼兒和助教，他們現在做甚麼或心情如何，從他們的回答中，將第二頁的故事內容帶出來。若然在第三頁有新角色加入，便即席請另外一些幼兒加入。如此類推，將整本圖書講完。

角色扮演　：在《跳！跳！跳！動物嘉年華！》的故事演繹上，採用了大量的角色扮演方法，除了**即席邀請**一些幼兒做主要角色外，其他的幼兒都能參與在故事當中。本書第二課、第三課及第六課的主題動物故事都採用了這方式。

現代化　：導師事前預設一個現代環境和相關人物，以現代化方式講述主題聖經故事，講到故事的高潮(例如主角身陷險境)便停止。然後導師向幼兒講述故事的聖經版，再邀請幼兒試代入角色思考故事細節的演進，最後將聖經版故事講完。此時，跳回現代版的高潮點，讓幼兒創作主角或故事的結局。這種做法能讓幼兒將主題故事的中心信息帶入生活應用中。

從以往經驗所得，導師所採用的教學方式和環境，要顧及主題的獨特性。例如講述「彼得捕魚」的故事，若然導師選用「講故事」形式來演繹，效果會比選用「角色扮演」遜色。原因是這個故事是一個神蹟，本身就充滿戲劇性，涉及的角色除了人，還有海裏的魚，船上的人要划船又要撒網，故事可以發展成一個動感的團體活動。故此，選用有互動性的教學方式會較適合。

籌備工作及資源運用

一 導師人手分配

天父賜給每位導師有不同的恩賜，有的善於人際交往，有的具行政的恩賜，有的在體藝上才華滿溢。籌備工作小組要按各人的不同恩賜，去安排導師的事奉崗位，讓眾導師在事奉中感到喜樂和勝任。

在籌備幼稚園級主日學暑期活動時，工作小組內需要有以下角色：

統籌	對活動有負擔，為活動進行各樣的安排和聯絡工作，召開不同會議。
財政	負責出納，點算奉獻金，和監控預算。
核心導師	三至四位，與統籌一起定下和設計每次的活動細節，分擔聯絡、場地安排、活動流程等工作。並商討每人所負責的教學崗位。
後勤支援	由家長和其他導師組成，負責教具製作，物資搜購等事宜。

二 環境佈置

要孩子愉快地進行遊戲活動，導師除需要設計富趣味的活動外，還須要詳細籌劃，充足準備和採取適當的安全措施。活動場地的**地面要平坦**，並經常**保持清潔和乾爽**。提供一個讓幼兒能自由自在地活動、不怕跌倒、**安全且寬敞的空間**，避免有意外發生。有需要時加上安全墊或一般的方形拼圖地墊，以減低孩子在跑和跳時，與地面的撞擊，也可供孩子做滾動、爬行和躺臥等動作。此外，也要注意場地的通風和照明情況。

我們要為幼兒設計一個能誘發幼兒製作的愉快學習環境，提升學習動機。學習動機，是指引起幼兒學習活動，維持學習活動，並使該學習活動向著教師所設定目標的內在心理歷程。學習動機與環境佈置有密切的關係，**美化課室**和**靈活使用分隔式活動空間**等，都能令整個活動進行順暢，並提升活動的趣味性。

環境設計常常是教學中不可忽視的一環，充滿變化和新事物的環境，能吸引幼兒參與和投入，刺激創作，啟發思考。

地板是幼兒視線範圍內經常會見到的空間，為了提升他們的學習動機和燃點他們的好奇心，我準備了各樣動物的腳印PVC膠貼，每星期貼上每次主角動物的腳印。讓他們猜一猜，今天究竟是那種動物走進了課室呢？

記得第一天，我貼了獅子的腳印，幼兒很快便猜到了是四腳的動物，他們起初猜是老虎或狗，到「原來係咁！」環節時，才知道是獅子，他們當時驚喜的眼神，我現在還印象深刻，這次試驗成功了！第二次主題是小鳥，我貼了鳥爪印在地上，他們很快猜到了是禽鳥，猜是雞是鴕鳥，但第三次主題是魚，這次可不同了，因為魚沒有腳，因此我並沒有在地上貼上任何東西，幼兒很聰明，觀察力也很強，他們一回到主日學，便急不及待問我為甚麼地上沒有新腳印，是否我忘記了貼上去，還是暑期活動已經完了。當時有見及此，我便順水推舟，讓他們猜個透，引頸以待上主日學。

三 物資搜集

為滿足幼兒的好奇心，我們需要**搜集豐富而合適的物料**，以配合不同形式的製作，啟發幼兒的創作意欲。我們亦會鼓勵幼兒將一些家中的廢物，如紙盒、飲品膠樽、各類色紙、雜誌紙、報紙、禮物紙和舊衣物等，清理後帶回教會，分別放進不同的廢物回收箱內，這樣除可加強幼兒的環保意識，亦可增加活動的物料供應以刺激創作，一舉兩得。

另外，《跳！跳！跳！動物嘉年華！》的主角是一眾動物，而教材方面需要一些動物手偶和扮演動物的服裝。因此，我們事先跟家長分享這個活動的概念，並**邀請家長借出家中有的動物手偶和扮演服裝**，使教學資源更豐富。

對於一些少用的教材，如地貼和保護膠等，亦會**邀請家長提供便宜的購買地點**。一方面是省卻核心導師花在這方面的時間，另一方面是加強主日學與家長的關係，做到家校合作的美好關係。

四 組織義工團隊

暑期活動內容豐富，涉及的工作人員眾多，除了呼籲一般的弟兄姊妹協助外，組織家長義工團隊也是一件值得推行的事。這樣做除了能加強主日學和家長雙方的溝通外，亦讓家長有實際參與活動的機會，增加事奉的人手。

每次活動中最好能有家長在課室內協助，活動內容環環緊扣，當第一個活動進行時，義工或輔助導師已經要準備好第二個活動的安排，故此，人手足夠能讓整個活動進行得順暢，做到一氣呵成。

義工人數視乎幼兒數目和活動性質而定，**理想的義工和幼兒人數比例是一比五**。

五 保持課室環境和玩具清潔

幼兒活動需要在清潔和衛生的環境下進行，尤其是當幼兒有機會在地上進行俯臥、爬行或滾動的動作時，就更要注意地板清潔，**在活動前細心檢查地上或課室角落有沒有會令幼兒受傷的物件**。

至於清洗玩具方面，可以考慮邀請家長協助進行定期清洗。膠質玩具可以用浸洗的方式進行清潔，在浴缸內倒入稀釋的奶瓶洗潔液或滴露，浸上兩小時，然後以清水過水，再晾乾。其他玩具可以以稀釋滴露或漂白水抹拭。另外，在清潔玩具的同時，建議**順帶檢查一下玩具有沒有損壞或崩裂的地方**，以免危害到幼兒的安全。清洗好的玩具，應妥善地收在櫃子或膠箱內，避免暴露於灰塵中。

六 財政預算

為了好好使用弟兄姊妹奉獻的金錢，當我們籌備這類大型活動時，最好先計劃一下所需支出，**量入為出**，令資源得以充分利用。若然經費未如理想，不妨在教會內公開所需物資或服務的資料，讓有感動的弟兄姊妹按情況和能力去配合。例如邀請姊妹們輪流奉獻茶點，或請弟兄姊妹捐獻一些美勞用品等，讓大家有彼此服事的機會。

需要預算的支出有以下幾項：

- 美勞用品支出
- 場地佈置支出
- 茶點支出
- 交通支出
- 教具借用／製作支出
- 印刷支出

七 活動宣傳（例如佈告板/家長通告/邀請咭）

在崇拜中佈告、刊登消息在場刊內，又或者是製作精美海報貼在教會佈告板上。除了在教會內部作宣傳，我們更可預備一些邀請咭，請會友去邀請所認識的幼兒來參加，或者投入教會附近的屋苑信箱中，張貼在街坊福利會、社區中心、區內幼稚園等地方。**可以請幼兒親自繪畫邀請咭**，導師從中挑選兩三款優秀作品作大量印製，加強幼兒對活動的參與度和投入感。

10 參考書目

一 幼兒教育概論

王文科主編。《特殊教育導論》。台北：心理，2003。

吳蘭玉著。《改變兒童生命的教學》。Johor, Malaysia：協傳培訓中心，2004。

香港課程發展處著。《學前教育課程指引》。香港：香港教育統籌局，1996。

張春興著。《教育心理學》。台北：東華，1996。

簡楚瑛著。《幼兒教育課程模式》。台北：心理，2005。

盧美貴著。《幼兒教育概論》。台北：五南，1998。

戴文青著。《學習環境的規劃與運用》。台北：心理，1999。

Herr, J. & Libby, Y.著；趙恬儀譯。《動物與四季的創意教學》。台北：洪葉文化，1999。

Bredekamp, S., & Copple, C. *Developmentally Appropriate Practice in Early Childhood Programs*. Washington, D.C.: National Association for the Education of Young Children, 1997.

Feeney, S., Christensen, D. & Moravcik, E. *Who am I in the Lives of Children? : An Introduction to Teaching Young Children.* Upper Saddle River, N.J. : Merrill, 2001.

Whitebread, David. *Teaching and Learning in the Early Years*. London : Routledge / Falmer, 2003.

二 幼兒音樂

許英珍編著。《幼兒節奏樂與教學：以幼兒樂器為中心》。台北：永大，2003。

劉斐如、施孟琪合著。《主題音樂活動設計》。台北：心理，2001。

藍美容主編。《幼兒音樂》。香港：朗文香港教育，2000。

秦禎著。《幼兒音樂與律動》。台北：五南，1998。

Pica, R.著；許月貴、鄭欣欣、黃瀞瑩譯。《幼兒音樂與肢體活動：理論與實務》。台北：心理，2000。

劉天課編。《藝術教育教師手冊：幼兒音樂篇》。台北：國立臺灣藝術教育館，2000。

陳惠齡著。《幼兒音樂律動教學》。台北：華騰文化，2003。

李晉瑗編著。《幼兒音樂教育活動教材》。北京：北京師範大學，1993。

三 幼兒美術

劉天課主編。《藝術教育教師手冊：幼兒美術篇》。台北：國立臺灣藝術教育館，2003。

藍美容主編。《幼兒美術》。香港：朗文香港教育，2000。

Stubbs, B. 著；鍾聲宏譯。《聖經實物教材》。台北：中國主日學協會，1998。

Cadwell, L. B. *Bringing Reggio Emilia Home: An Innovative Approach to Early Childhood Education*. New York: Teachers College Press, 1997.

四 幼兒體育

黃樹誠著。《創意幼兒體育課程教材套》。香港：香港幼兒教育服務聯會，2004。

藍美容主編。《幼兒體育》。香港：朗文香港教育，2000。

劉馨主編。《幼兒體育活動設計與指導》。北京：北京師範大學，2004。

韓棣華主編。《蹦蹦跳跳：0-6歲嬰幼兒運動能力發展與體格鍛練》。上海：復旦大學，1995。

五 幼兒遊戲發展

朱鄧麗娟等著。《幼兒園教師實踐活動指導手冊：幼兒遊戲和幼兒課程》。北京：北京師範大學，1994。

許天威等著。《發展學習能力：兒童的遊戲與教具》。全二冊。台北：五南，1998。
黃瑞琴著。《幼兒遊戲課程》。台北：心理，2001。
蘇文博著。《聖經遊戲一百種》。台北：校園書房，1975。
蔡淑苓著。《遊戲理論與應用：以幼兒遊戲與幼兒教師教學為例》。台北：五南，2004。
Green, M. D.著；嚴真譯。《幼兒遊戲的創意教學》。台北：洪葉文化，2000。
Klugman, E. 和 Smilansky, S.著；桂冠前瞻教育叢書編譯組譯。《兒童遊戲與學習》。台北：桂冠，1999。
Britton, L. *Montessori Play & Learn: A Parents' Guide to Purposeful Play from Two to Six.* London : Vermilion, 1992.
Rogers, Cosby S. and Sawyers, Janet. *Play in the Lives of Children.* Washington, D. C.: National Association for the Education of Young Children, 1988.
Einon, D. *Creative Play: Play with a Purpose from Birth to Ten Years.* Harmondsworth: Penguin Group, 1986.
Gibson, R. *Learning Games.* London: Usborne Publishing Ltd., 1993.
Bronson, Martha B. *The Right Stuff for Children Birth to 8: Selecting Play Materials to Support Development.* Washington, D.C.: National Association for the Education of Young Children, 1995.

六 幼兒戲劇

王添強、麥美玉著。《戲偶在樂園：幼兒戲偶教學工具書》。台北：成長文教基金會，2002。
香港基督教服務處《幼兒創意戲劇》編輯小組編。《幼兒創意戲劇：幼師指引》。香港：香港基督教服務處，2005。
黃麗萍、錢德順合著。《戲劇教育》。第一冊教師本。香港：香港教師戲劇會，2004。
劉天課主編。《藝術教育教師手冊：幼兒戲劇篇》。台北：國立臺灣藝術教育館，2000。

Salisbury, B. T.著；林玫君譯。《創作性兒童戲劇入門》。台北：心理，1994。

Warren, K.著；周小玉譯。《戲劇抱抱：幼兒戲劇天地知多少》。台北：成長文教基金會，2001。

Booth, D. and Hachiya, M. *The Arts go to School: Classroom-based Activities that Focus on Music, Painting, Drama, Movement, Media, and More*. Markham, Ontario: Pembroke Publishers, 2004.

Buetter, B. M. *Simple Puppets from Everyday Materials*. New York : Sterling Publisher, 1998.

Champlin, C. *Storytelling with Puppets*. Chicago, Ill. : American Library Association, 1998.

Hiatt, K. *Drama Play: Bringing Books to Life through Drama for 4-7 Years Old*. London : David Fulton, 2005.

Fong, Kuang-Yu and Kaplin, Stephen. *Theatre on a Tabletop: Puppetry for Small Spaces*. Charlottesville, Va.: New Plays, 2003.

每日活動內容

第一課：獅子

透過今天的活動，幼兒能：

❶ 共同創作暑期班的口號和動作，加強團隊精神，增加對活動的歸屬感。
❷ 認識獅子的外型特徵、身高大小、動作神態、生活作息、飲食習慣和溝通方式等。
❸ 共同創作獅子舞，讓幼兒以身體動作表達對獅子的認識，並抒發感受。
❹ 明白但以理在獅子坑的危險性，全憑天父的恩典，獅子才會在坑中馴如綿羊。
❺ 按年齡和能力分工合作，利用不同物料，共同製作大型獅子，體驗合作精神。製成品會擺放於展示區上，讓所有幼兒欣賞努力的成果，將榮耀歸給創造主。

活動程序及內容：

一 分享、感恩和祈禱

讓幼兒分享過去一個星期所發生的開心和不開心的事，並將之以祈禱感謝或交託給天父。過程中讓幼兒學會尊重別人發言分享，關心同學的需要，以及分享同學的喜悅。

❶ 在等候幼兒陸續入課室時，可請家長義工或負責導師向幼兒講一個有關獅子的故事（約5~7分鐘），讓幼兒在等候期間穩定情緒，準備心情投入主日學活動。但選取故事時，要注意內容要正面和喜樂，讓幼兒以愉快的心情迎接主日學。

❷ 導師可以其中一首《問安歌》(見本書頁104～105)，或互相握手說早晨，來作為活動的開始，讓幼兒熱身。

❸ 先由導師帶頭分享一件值得感恩的開心事情，然後邀請幼兒分享他們的開心事。**接著導師分享一件需要大家代禱的事情，例如：自己或親人身體不適，祈求天父保守身體健康；或者昨天跟妹妹吵架，覺得自己做得不對，求天父寬恕**。然後邀請幼兒分享需要代禱的事。

❹ 請一至兩位家長義工或負責導師，為上述的一切恩典和需要祈禱。禱文用詞應儘量淺白，讓幼兒明白；家長或導師的說話聲線要響亮，說話速度要適中，使每位幼兒都能清楚聽到。

二 詩歌敬拜

1. 口號與動作

帶領幼兒一起創作「跳！跳！跳！動物嘉年華！」主題口號的動作，如何以肢體動作去演繹「跳！跳！跳！」、「動物」和「嘉年華」。例如演繹「跳！跳！跳！」時，可以考慮以雙腳向上跳三次，還是以踏跳步方式跑三步，甚至是單腳跳，以及蹲下向上跳三次。在創作過程中，導師可以作適當引導，但不要介入太多。在每次課堂開始時，都高呼並做出今天所定的口號和動作。

2. 呼吸活動

呼吸活動是用來準備唱歌的前奏活動，讓幼兒先來進行三兩次的深呼吸，以擴充肺活量之餘，還有沉澱情緒的作用。

請幼兒幻想自己是一粒種子，先蹲在地上蜷作一團。請幼兒深呼吸，當進行深呼吸時，請幼兒慢慢將身體伸直站好，好像種子長大變了一朵花，當花兒盛開時，將氣隨隨呼出。程序是這樣的：

❶ 請幼兒蹲在地上蜷作一團。

❷ 進行深呼吸的同時，幼兒慢慢站起來，好像花朵向上生長。

❸ 當身體伸直站起來後，雙手打開扮花開，與此同時，幼兒徐徐呼氣。

❹ 第一次可扮小花，雙手不用打得太開之餘，站起來的時間可以短些(因為

是小花）讓幼兒習慣這個呼吸活動。

5. 第二或第三次則可扮大花，雙手儘量打開，站起來的時間可以長些（因為大花要多點時間去長大），讓幼兒保持吸氣的時間長些。

3. 唱主題曲：《快樂天地》

1. 請幼兒繼續幻想自己是一朵花，現正身處在綠草如茵的草原。請導師播放《快樂天地》（見本書頁106），讓幼兒一邊聆聽新歌，一邊在腦中想像歌詞描述的景象。
2. 導師重播此歌，請幼兒輕聲跟著音樂輕聲哼，讓幼兒熟習歌曲的旋律和音調。導師一句一句地教幼兒學唱這首歌，慢慢唱，讓幼兒明白自己所唱的內容是甚麼，才能讓幼兒投入參與設計歌曲動作。
3. 邀請幼兒共同創作相關動作，加強對活動的投入感。導師將大家同意的動作以圖畫或符號畫在寫有歌詞的大咭紙上，讓大家下次都記得。
4. 最後以再唱一次主題歌曲去結束。請幼兒一邊唱一邊做動作。

三 原來係咁！

導師請幼兒圍成半圓形坐好，問幼兒有否察覺到今天教會的地板上有些甚麼不同。若有幼兒察覺到地板上的腳印圖案時，導師可引導幼兒探究下去，這些究竟是甚麼動物的腳印？從而帶出今天的主角——獅子。

以下的參考問題只是一些建議，導師可因應孩子的興趣和課堂的時間，去選擇「腦力大激盪」的探究項目多寡。

腦力大激盪	教學小貼士
從外表上，獅子如何分男女？	
男獅子和女獅子一般有幾高，身有幾長？小獅子呢？	最好以幼兒熟悉的實物作量度單位，例如有幾多張椅子那麼長，或者是

	陳美美導師那麼高。
獅子的掌印是怎樣的，有幾大？ 小獅子的掌印又有幾大呢？ 作大小的比較，加深幼兒的印象。	可讓幼兒輪流看掌印，並鼓勵幼兒將自己的小手掌放在獅子的掌印上，
獅子跑得有多快？ 如火車／的士／單車般快？ 獅子住在哪裏？山洞？樹上？ 風吹雨打時怎麼辦？ 獅子愛吃甚麼食物？ 除了肉類，牠會吃蔬菜和水果嗎？	以幼兒切身的生活細節來提出思考問題，有助幼兒積極參與討論，以及容易明白相關內容，提高幼兒對認識獅子的興趣。
小獅子要上學嗎？ 小獅子平日由獅子爸爸來照顧還是由獅子媽媽來照顧？ 獅子爸爸要上班嗎？ 獅子爸爸的工作是甚麼？ 獅子媽媽的工作又是甚麼？	帶出天父會看顧小獅子。
播放有關獅子生態的影片，讓幼兒觀察獅子的外型和神態，以及牠們的居住環境。	• 從影片中指出剛才大家思考過有關獅子的認識，鞏固所學。 • 導師亦應請幼兒留意獅子走路的形態，以準備緊接下來的律動環節。

禱告：天父，感謝祢創造了獅子，獅子外型美麗，也有很大的本領。雖然獅子不懂蓋房子，也不懂做工賺錢生活，但天父祢都看顧牠，從獅子身上，我們看到天父的愛。感謝天父祢愛我們。奉主名求。阿們。

四 舞吧！舞吧！

❶ 當幼兒對獅子的外型和動作神態有一定的認識後，導師和幼兒一起創作獅子的爬走動作。

❷ 配以聖桑（Saint-Saën）的《動物嘉年華》（*Carnival of the Animals*）作為背景音樂，讓幼兒隨著音樂擺動身體，做出／舞出獅子的神韻動態來。

❸ 幼兒可以選擇做大獅子、母獅或是小獅子。

❹ 導師應尊重並接納幼兒對獅子外型和動作的領受，給予空間和機會，讓幼兒表達自己的體會。

五 主題動物故事

聖經故事： 但以理與獅子坑

經文出處： 但以理書六章

角色　　： 獅子，國王，但以理，天使

場地安排： 事前用電線膠布在課室地上貼一個四方形，作為獅子坑的範圍，主領此環節的導師趁上一環節進行時，到房間外穿上一件印有獅子圖案的T恤，當幼兒舞動完畢後，徐徐走入課室，以獅子的第一身角度去講述但以理與獅子坑的故事。

故事是這樣的……

獅子　： 小朋友，你看看我是誰？我是不是很像陳美美導師呢？其實，我是一隻獅子。你不信？看，這是我的鬃毛，還有尾巴。

主領導師裝上道具獅子毛髮。

獅子　： 你們認為我不像獅子？唉，當然啦，我原本活在森林中，是萬獸之王，跟本沒有生物可以欺負我，可以自由自在地生活，可是……有一天，當我在草原上追趕羚羊時，跌落了獵人預先設下的陷阱裏，一剎那間，我發現自己被困在一個繩網內，吊在樹上，不久便有幾個埃及獵人走到我下面，之後我便被他們帶到這裏來了。

獅子環顧獅子坑四周。

獅子　：唉，這裏甚麼都沒有，沒有大樹，沒有羚羊和斑馬，地方又細小，我來了這裏之後，一直很不開心。只有三隻獅子陪著我。

獅子走到幼兒裏邀請三位幼兒出來當獅子。

導師和家長弄出很多腳步聲。

眾人　：咦！有人來了。是國王呀！還有很多士兵呢！

國王指向眾幼兒，眾幼兒成為國王的士兵。

國王　：你們知不知道今次我要推誰下去呢？唉，今次我要把我很喜歡的但以理推下去。

但以理被推了入獅子坑，環顧四周，只見到四隻獅子，感到害怕，但又裝作鎮定。

但以理：獅子啊獅子，我是一個好人，請你不要傷害我。

獅子很留心聽，不時點頭以示明白。

但以理：我的天父多次救我脱離危險，又賜智慧給我，祂很愛我，所以我每天都很想祈禱跟祂説話。但是，有些壞人利用我每天禱告的習慣，設下陷阱令國王一定要把我推到坑中。我就像你們一樣中了陷阱啊。我要求我的天父救我。

但以理合上眼睛禱告。

獅子　：唉，原來他那麼可憐，他所説的天父，究竟是怎樣的呢？和我一樣跑得快和有尾巴的嗎？我也很想見那個天父。

天使悄悄出現。

天使　：我是但以理的天父派來的，天父命令所有獅子坑內的獅子不能傷害但以理，要做天父的好乖乖。

獅子　：天使，如果我們不吃但以理，便會很肚餓……不過天父不會讓我們四隻獅子肚餓的，是不是？放心吧，我們會聽話的。

天使報以微笑便消失了，獅子們和但以理都睡著了。

獅子　：嘩，那麼快便天光了，我真的不覺得肚餓呢！咦，又聽到腳步聲了，是誰呢？

國王來到獅子坑邊，見到但以理還生存，心中十分快樂。

國王　：但以理，你的神好厲害，祂救了你脱離獅子的口。

即席邀請兩位幼兒當士兵，將但以理帶出獅子坑。

國王　：讓我們一起回皇宮去吧。

獅子　：小朋友，這個故事好不好聽？我聽天父的説話，不傷害但以理，你們認為我乖不乖？不如我和你們玩一個獅子坑遊戲好不好？

六 體能遊戲

順服獅子急轉輪

遊戲玩法：

1. 請幼兒扮成獅子坑裏的獅子，導師負責轉轉盤。
2. 當獅子導師將轉盤轉到食物時，請幼兒扮獅子跳起來捉住食物來吃。
3. 但當轉到去但以理時，獅子都要蜷伏在地上休息。
4. 當遊戲玩得純熟時，可邀請幼兒輪流出來轉轉盤。

轉盤製作方法及圖形樣版可參考隨本書附送的光碟。轉盤應以輕而堅硬的物料製作，可重複多次使用。

七 美勞創作

1. 大型立體製作：一隻大獅子

1. 請導師將剛才用過有關獅子外型的教材再次展示在幼兒面前，喚醒幼兒對獅子外型的認識。導師展示準備好的美勞物料，如紙箱、雜誌紙、彩紙等。與幼兒一同以不同物料做出獅子不同部分來。建議初班負責獅子身體，中班負責獅子四肢，高班負責獅子頭。
2. 分班坐好後，導師跟幼兒商量一下用甚麼材料做身體和四肢，然後到物料區拿取需用物料。身體不用紙箱可以用報紙來塑造，四肢不用膠

光碟內有各班手工製作的照片，快來看，你也可以輕易做到！而且還有獅子頭的樣版呢！

樽可以用Lego積木，在設計的過程中，讓幼兒發揮創意，導師的角色是物料提供者、協助者和引導者。

3. 獅子頭的製作難度較高，適合高班的幼兒去製作。頭可以用咭紙或報紙，甚至吹脹了的汽球來做，毛髮顏色如何配搭、如何剪貼、五官如何放，取決於幼兒對獅子的外型觀察有多仔細。

4. 最後，請家長義工或導師合力，以封箱膠紙和雙面膠紙將獅子各部分組合起來，成為一隻立體大獅子。將製成品擺放在森林展示區內，讓大家來欣賞。

2. 額外美勞活動：獅子面具

1. 導師事前以一位中班幼兒的五官位置來作準，在每隻紙碟上剪下兩個洞作為眼睛。
2. 派給每位幼兒一隻紙碟，並指示美勞物料的擺放位置，讓幼兒自行選取合用物料進行創作。導師應尊重幼兒對獅子外型的領受。
3. 最後請導師為面具左右兩邊各打一個孔，用來穿橡皮圈，讓幼兒可以將面具帶在臉上。

八 結束禱告

禱告： 天父，感謝祢創造了獅子，祢手所造的獅子，十分強壯，也很勇猛，天父所造的動物都是好的。求祢也欣賞我們所造的美勞獅子。奉主名求。阿們。

第二課：雀鳥

透過今天的活動，幼兒能：

1. 認識鳥的外型特徵、動作神態、作息生活和其他有趣資料，讚嘆賜非凡能力給雀鳥的天父。
2. 認識烏鴉和白鴿的個性，讓幼兒多了解天父為何會選這兩種鳥為祂做事。
3. 共同創作小鳥飛舞，讓幼兒進行幻想創作，抒發感受。
4. 透過集體遊戲，培養專注、合作，和聆聽指令。
5. 利用不同物料製作鳥和不同類型的鳥巢，發揮天父賜給幼兒的創意。

活動程序及內容：

一 分享、感恩和祈禱

讓幼兒分享過去一星期所發生的開心和不開心的事，並將之以祈禱感恩或交託給天父。過程中讓幼兒學會尊重別人發言分享，和關心同學的需要，以及分享同學的喜悅。

1. 在等候幼兒陸續入課室時，可請家長義工或負責導師講一個關於雀鳥的故事（約5~7分鐘），讓幼兒在等候期間穩定情緒，準備心情投入活動。但選取故事時要注意內容要正面和喜樂，讓幼兒以愉快的心情迎接課堂。
2. 導師可以一首《問安歌》，或互相握手說早晨來作活動的開始，讓幼兒熱身。
3. 先由導師帶頭分享一件值得感恩的開心事情，然後邀請幼兒分享他們的開心事，或需要代禱的事。**接著導師分享一件天父如何明白自己的需要，**

而早就為這需要賜下美妙安排的事件。

4 請一至兩位家長義工或負責導師，為上述的一切恩典和需要祈禱。禱文用詞應儘量淺白，讓幼兒明白；家長或導師的説話聲線要響亮，説話速度要適中，使每位幼兒都能清楚聽到。

二 詩歌敬拜

1. 呼吸活動

這是一個呼氣和吸氣的唱歌前奏活動。

幻想在公園裏，拾起地上花瓣，捧在手心，深呼吸，並將花瓣吹走。

第一次吹時，請幼兒輕輕吹。

第二次吹時，可以大力點吹，將花瓣吹給坐在對面的幼兒。

第三次吹時，先請幼兒深呼吸，然後用力地吹，將花瓣吹出課室。

2. 口號、動作與主題曲

1 帶領幼兒叫「跳！跳！跳！動物嘉年華！」的口號和做動作。

2 唱主題曲：《快樂天地》。

3. 點題歌曲：《大雀鳥，小雀鳥》

1 先請幼兒聆聽歌曲一遍，然後導師一句一句地教幼兒唱。歌曲見本書頁107。

2 當幼兒開始掌握到歌曲後，導師請幼兒為歌詞設計相關動作，例如如何演繹「大雀鳥」和「往上飛」，由幼兒主導去設計。

3 請幼兒邊唱邊扮大雀鳥和小雀鳥在課室裏飛。可將幼兒分成兩組，一組唱一組飛，音樂停後請扮雀鳥飛的幼兒將身體動作定型，另一組的幼兒像畫家般，用手指畫空氣畫，將同學的型態勾畫出來。每組一次。

三 原來係咁！

導師請幼兒圍成半圓形坐好，問幼兒有否察覺到今天教會的地板上有些甚麼不同。若有幼兒察覺到地板上的腳印圖案時，導師可引導幼兒探究下去，這些究竟是甚麼動物的腳印呢？從而帶出今天的主角——雀鳥。為甚麼這種腳印並不是一路連住行落去，而是斷開的？因為雀鳥飛的時候是沒有腳印留在地上的。

以下的參考問題只是一些建議，導師可因應孩子的興趣和課堂的時間，去選擇「腦力大激盪」的探究項目多寡。

腦力大激盪	教學小貼士
小鳥是怎樣生出來的呢？ 是蛋生的還是胎生的？	介紹實物鵪鶉蛋。
小鳥住在哪裏？ 小鳥的房屋是怎樣的？ 燕子如何築巢？	介紹實物教材：鳥巢，燕窩盞。
白鴿有甚麼本事？ 烏鴉又有甚麼本領？	• 烏鴉適應力強，白鴿能認路，而且視野廣闊。 • 要詳細介紹，才能讓幼兒更明白挪亞方舟故事的內容。
全世界最大的鳥是甚麼鳥？ 它們展開翅膀時會有多大？ 全世界最小的鳥是甚麼鳥？ 又有多小？等於多少塊Lego積木？	蜂鳥體積細小，有如一粒細紅棗，但五臟六腑齊全，實在是創造奇工。

小鳥如何上廁所？ 小鳥是如何學飛的？ 小鳥吃甚麼？海鷗吃甚麼？ 啄木鳥吃甚麼？大麻鷹吃甚麼？	介紹實物教材：紅蟲、草蜢、雀粟等。
大麻鷹飛得有幾快？如巴士般快？如電單車和跑車般快？	
孔雀是不是鳥？紅鸛是不是鳥？企鵝是不是鳥？	介紹不同鳥類的圖片，並界定何謂鳥。
為甚麼小鳥能飛，飛機能飛，我不能飛呢？	飛機是參照小鳥的外型而發明的。
候鳥是甚麼？	介紹雁是會「人」字形排開的。
播放有關雀鳥生態的影片，讓幼兒觀察雀鳥飛行的型態，如何覓食，以及了解牠們的居住環境。	• 從影片中指出剛才大家思考過有關對雀鳥的認識，鞏固所學。 • 導師亦應請幼兒留意不同雀鳥的飛行形態，以準備緊接下來的律動環節。

禱告：天父，感謝祢創造了不同的雀鳥，牠們有美麗羽毛，敏鋭的眼睛，也有不同的本領。雖然雀鳥細小，但天父祢都看顧牠，從雀鳥身上，我們看到天父的愛。感謝天父祢愛我們。奉主名求。阿們。

四 舞吧！舞吧！

❶ 當幼兒對鳥類的外型和飛翔動作神態有一定的認識後，導師和幼兒一起創作小鳥飛舞的以下動作：

- 大鳥飛
- 小鳥飛
- 飛高
- 飛低
- 轉圈飛
- 伏下休息

各種飛舞的動作，
可參看光碟內的照片。

❷ 配上背景音樂，讓幼兒隨著對音樂的感覺擺動身體，做出或舞出鳥兒來。

❸ 幼兒可以選擇做大鳥、小鳥、麻雀、麻鷹或燕子等。

❹ 尊重並接納幼兒對鳥類外型和動作的領受，給予空間和機會，讓幼兒表達自己的體會。

五 主題動物故事

聖經故事： 挪亞方舟的白鴿和烏鴉

經文出處： 創世記六章至八章19節

角色　　： 挪亞，白鴿，烏鴉

場地安排： 以課室作為方舟，事前需清理課室附近及走廊的空間。

故事是這樣的……

扮演挪亞的導師穿上長袍，手拿著手杖，走到幼兒中間。

小鳥小鳥，天父現在邀請你們跟我來，飛入我的大船裏，天父這樣做，是叫你們免於被洪水消滅。鳥兒們，請跟我來！

導師帶幼兒離開課室，在課室附近範圍繞圈，扮演白鴿和烏鴉的導師混入幼兒羣中，然後帶幼兒再次返入課室。

這裏就是我所做的大船了，這艘船是天父教我做的。祂告訴我，很快便會下大雨，還會一直下四十天呢。

播放狂風大雨的聲音。導師可帶領幼兒搖擺身體，模擬方舟受洪水衝擊。

大洪水要來了，應驗了天父的預言。眾鳥兒不用怕，坐穩在地板上吧，天父會看顧方舟內的一切人和動物的。

將室光稍微調暗，或關上一盞天花燈，以示狂風大雨持續。

哎呀，不停地下大雨，怎麼辦呢？對了，天父説會下雨四十天的，就讓我們一起數數我們在方舟內多少天吧。

導師帶領由一數到四十，同時慢慢調低風雨聲，然後開燈。

四十天過去，果然天朗氣清，但是外面仍是汪洋大海，怎辦好呢？對了，我可以派一隻鳥兒出去偵察一下。好，烏鴉，你便替我們出去看看吧。

烏鴉跟眾鳥兒説再見，然後離開課室。

咦，過了好幾天了，烏鴉仍然未飛回來。唔，我要再派一隻鳥兒出去偵察。今次讓我派白鴿吧！

白鴿跟眾鳥兒説再見，離開課室，然後帶著一枝長了嫩葉的樹枝折返。

白鴿你帶回來的是甚麼呢？是一枝長嫩葉的樹枝呢。那麼，洪水都退了。白鴿你真聰明，能夠認路，視野又廣闊。眾鳥兒，你們一同拍翼，稱讚白鴿和天父吧。

一同拍手歡呼。

既然洪水已退，方舟也停定了，讓我們一起出方舟吧。

導師帶領幼兒飛去洗手間，進行排洗和飲水。

想知道白鴿斗篷、烏鴉斗篷和小鳥帽的製作方法嗎？快到光碟內找找看！

六 體能遊戲

1. 麻鷹捉雞仔

課室安排： 導師要將一切可能會令幼兒在遊戲進行期間受傷的物件搬走，如桌子的尖角，多餘的雜物，地上的垃圾等，保障幼兒安全。

故事背景： 麻鷹目光鋭利，飛行速度快，故此母雞要額外留神，保護小雞免受麻鷹襲擊。

遊戲玩法：

❶ 首先請一位導師扮麻鷹，一位導師或家長扮母雞，請幼兒排成一行，雙手搭著前面同學的肩頭，站在母雞的後面。

❷ 麻鷹設法去捉小雞，被碰到的小雞便要站開，以兩分鐘為限，時間到便停止。

❸ 熟習規則後，可請幼兒扮母雞和麻鷹，由幼兒自行進行遊戲。以兩分鐘為限，時間到便停止，轉換其他幼兒當母雞和麻鷹。

2. 定型鳥兒愛拍照

遊戲玩法：

❶ 導師播音樂，音樂開始，幼兒扮小鳥周圍飛舞。

❷ 音樂停時，請鳥兒急凍定型，並請鳥兒欣賞身邊鳥兒的定型肢體動作美。

❸ 導師可以用相機拍下幼兒的肢體動作，在下次課堂時貼出來讓大家欣賞。

七 美勞創作

1. 立體美勞創作：鳥和巢

❶ 請導師將剛才用過有關雀鳥外型的教材再次展示在幼兒面前，去喚醒幼兒對不同雀鳥外型的認識。導師展示準備好的美勞物料，與幼兒一同以不同物料做出不同的雀鳥來。

❷ 分班後，導師跟幼兒討論做哪種雀鳥，研究其外型特徵，然後請幼兒去選取不同物料，一同製作立體勞作。例如：用白羽毛或廁紙做白鴿，用彩色縐紙做彩雀，或者用黑布黑紙做燕子及烏鴉等。

③ 將作品穿上魚絲吊起來，或放在不同鳥巢中，製成品會當眾擺放於展示區中，讓所有幼兒欣賞努力的成果。

④ 時間許可的話，可以讓幼兒去為雀鳥創作鳥巢，如泥膠鳥巢、鞋盒鳥巢、筲箕鳥巢、紙杯鳥巢、Lego鳥巢等。

2. 額外美勞活動：羽毛畫

① 導師事先為幼兒準備廣告彩，將已稀釋的顏料倒在淺口膠碗內。

② 請幼兒以羽毛為畫筆，蘸上顏料，畫在畫紙上，或以羽毛作印章，印在畫紙上。

③ 另一種做法，是請幼兒在畫紙上畫一隻雀鳥，然後以塗上顏色和貼上羽毛，或以不同物料作拼貼，令圖畫更具質感和立體感。

八 結束禱告

禱告： 天父，感謝祢創造不同的雀鳥，祢手所造的雀鳥，十分美麗，也很聰明，只要是天父所造的動物，都是好的。求祢也欣賞我們所造的雀鳥。奉主名求。阿們。

透過今天的活動，幼兒能：

1. 認識魚類的外型特徵，動作神態，作息生活，和其他有趣資料，讚美天父創造奇妙的海洋世界。
2. 認識捕魚的不同方法，明白到彼得捕魚是個神蹟，魚是不會自投羅網的。
3. 共同創作魚兒舞，讓幼兒以身體回應他們對魚類的感覺。
4. 透過玩釣魚遊戲，訓練手眼協調，及記念還未信主的親友。
5. 利用不同美勞物料創作一條魚，將天父賜給幼兒的創作力化為讚美獻給祂。

活動程序及內容：

一 分享、感恩和祈禱

讓幼兒分享過去一星期所發生的開心和不開心的事，並將之以祈禱感謝或交託給天父。過程中讓幼兒學會尊重別人發言分享，和關心同學的需要，以及分享同學的喜悅。

1. 在等候幼兒陸續入課室時，可請家長義工或負責導師講一個有關魚的故事（約5~7分鐘），讓幼兒在等候期間穩定情緒，準備心情投入活動。但選取故事時要注意內容要正面和喜樂，讓幼兒以愉快的心情迎接課堂。
2. 導師可以一首《問安歌》，或互相握手説早晨來作活動的開始，讓幼兒熱身。
3. 先由導師帶頭分享一件值得感恩的開心事情，然後邀請幼兒分享他們的開心事。**接著導師分享自己信主後感到如何喜樂和滿足，所以希望將福音傳**

給身邊的人，讓他們都得到這份喜樂和滿足。

❹ 請一至兩位家長義工或負責導師，為上述的一切恩典和需要祈禱。禱文用詞應儘量淺白，讓幼兒明白；家長或導師的說話聲線要響亮，說話速度要適中，使每位幼兒都能清楚聽到。

二 詩歌敬拜

1. 呼吸活動

想像一下你雙手正捧著一個熱騰騰的魚柳飽，深呼吸，一下一下地聞(一吸一呼)，好香哦！那麼熱，如何吃？吹幾口氣吧，呼～～呼～～呼！可以吃了。導師與幼兒一同幻想將魚柳飽吃下。

2. 口號、動作與主題曲

❶ 帶領幼兒叫「跳！跳！跳！動物嘉年華！」的口號和做動作。

❷ 唱主題曲：《快樂天地》。

3. 點題歌曲：《天父造了大海洋》

❶ 請幼兒幻想自己是一條魚，身處在藍藍大海中，請導師輕唱《天父造了大海洋》(見本書頁108)，讓幼兒一邊聆聽新歌，一邊在腦中建構歌詞內容的景象。

❷ 導師重唱此歌，請幼兒輕聲跟著音樂輕聲哼，讓幼兒熟習歌曲的旋律和音調。

❸ 導師一句一句地教幼兒學唱這首歌，慢慢唱，讓幼兒明白自己所唱的內容是甚麼，才能讓幼兒投入參與設計歌曲動作。

❹ 邀請幼兒共同創作相關動作，加強對活動的投入感。

❺ 當幼兒熟習唱這首歌時，可以邀請幼兒為歌曲改歌詞，並進行相關動作創作。

三 原來係咁！

導師請幼兒圍成半圓形坐好，問幼兒有否察覺到今天教會的地板上有些甚麼不同。若有幼兒察覺到地板上沒有新的腳印圖案時，導師可引導幼兒探究下去，究竟甚麼動物是沒有腳印的呢？從而帶出今天的主角——魚。

以下的參考問題只是一些建議，導師可因應孩子的興趣和課堂的時間，去選擇「腦力大激盪」的探究項目多寡。

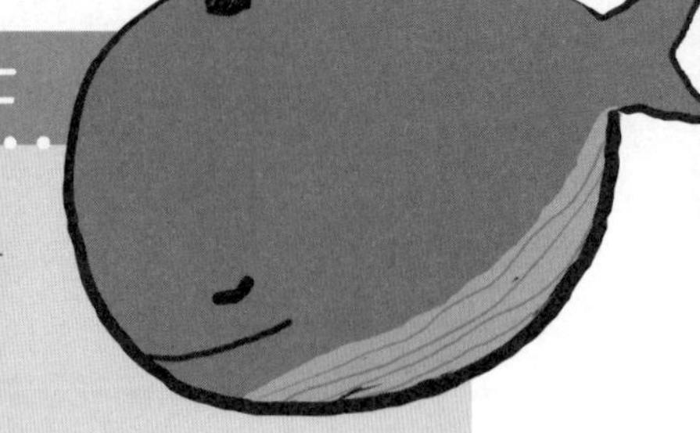

腦力大激盪	教學小貼士
魚的外型特徵是甚麼？ 怎麼才叫做魚？ 鯊魚和鯨魚是不是魚？ 海豚和鱷魚是不是魚？	
為甚麼魚能在水裏游，不用呼吸？	讓幼兒分享一下他們游泳時，將頭放到水裏面的經驗。
魚BB是怎樣的？牠們如何長大？	展示實物教材：魚子。
魚媽媽會照顧魚BB嗎？	魚BB並不是魚媽媽照顧大的，牠們是靠天父看顧的。
魚是吃甚麼的？	• 介紹實物教材：魚糧，紅蟲。 • 海洋食物充足，天父照顧魚兒每天所需。
魚有眼，有口，但有沒有鼻和耳朵呢？	介紹實物教材：真魚。
魚會睡覺的嗎？牠如何睡覺的？在哪裏睡覺？	

有幾多種捉魚的方法？	用手捉、用茅去刺、用魚竿釣、用網撈等等。
播放有關魚類生態的影片，讓幼兒觀察不同魚類的外型之美和游泳的優美姿態，以及牠們如何保護自己，免受敵人攻擊。	• 從影片中指出剛才大家思考過有關對魚類的認識，鞏固所學。 • 導師亦應請幼兒留意不同魚類的游泳姿態，以準備緊接下來的律動環節。

禱告： 天父，感謝祢創造了不同的魚，牠們有美麗的外型，鱗片又有不同的顏色，也有不同的本領，海洋實在是一個美麗的地方。不論是剛孵化的魚苗，還是巨大的鯊魚，祢都看顧牠們，從魚兒身上，我們看到天父的愛。感謝天父祢愛我們。奉主名求。阿們。

四 舞吧！舞吧！

❶ 當幼兒對魚兒的外型和動作神態有一定的認識後，導師和幼兒一起創作魚兒舞，動作包括：在魚缸內游（在原地游）和在大海裏游（向課室每個角落推進）。

❷ 配上背景音樂，讓幼兒隨著對音樂的感覺擺動身體，做出／舞出魚兒的游泳姿態美。

❸ 幼兒可以選擇做大魚、小魚、鯊魚、鯨魚、八爪魚，甚至是海星（動也不動，黏附在其他物件之上）等。

❹ 尊重並接納幼兒對魚類外型和動作的領受。給予空間和機會，讓幼兒表達自己的體會。

五 主題動物故事

聖經故事： 彼得捕魚

經文出處： 馬太福音四章12至22節；路加福音五章2至11節

角色　　： 彼得，安得烈，耶穌

場地安排： 導師事先在課室的地板上，以電線膠布劃出一條彎曲的線，將課室分成兩個區域。大區，讓幼兒坐下來；另一面的小區，則是作導師演繹故事的地方。

當幼兒進行完跳魚兒舞的活動後，負責故事的導師隨即以紙船槳將幼兒小魚撥到大區一面，並請各小魚暫時停止游來游去，安坐在海中看海面上那條船究竟發生甚麼事。

第一部分

彼得　： 唉，今日天氣這麼好，但是卻一條魚也捉不到，還是返屋企睡覺算了。嘩，點解岸邊有一大班人呀？原來是耶穌來了，人們圍著祂要聽祂的道理。不要理了，我還是和安得烈上岸洗漁網。

彼得說罷，耶穌便進入課室，走到彼得和安得烈的面前。

耶穌　： 請你們將船開離岸邊一點，我要離開擠迫的羣眾，坐在船上講道。

彼得和安得烈把船開離岸邊。（走到大區前）

耶穌　： 你們將船開到最深水的地方，然後在那裏將漁網撒下吧。

彼得　： 這樣做是沒有用的。我打漁很久了，今天一整天都沒有捉到魚。

安得烈： 是啊，現在這個時間是捉不到魚的。

彼得　： 但聽你的話，我們就試一下吧。

彼得將漁網向幼兒那邊撒下，助教幫忙將漁網覆蓋所有幼兒。

彼得　： 咦，點解漁網這麼重？一定是網了很多魚。嘩，魚多得船也快要沉下去了！

安得烈： 真神奇！

耶穌　： 不要怕，從今以後，你要得人了，即是要向其他人傳天國的福音，讓他們悔改得新生命。

彼得和安得烈很辛苦地才能將漁船駛回岸邊。他們因為耶穌，撇下了父母、漁船和其他的東西，跟著耶穌周圍去傳福音，做耶穌的門徒。

第二部分

若時間許可，可以再玩一次，今次幼兒無需再扮魚，而是做回真正的自己，坐在地上，觀賞這個故事。

可以安排一位導師作為主持導師，手拿著電視搖控器，好像向幼兒放影電視片集般，説完開場白後，將搖控器向小區那邊一伸，故事導師又再將故事重演一次。但今次主持導師可向故事導師伸一伸搖控器，隨時叫停故事，就像按「定格」按鈕一樣，故事導師動作被定形。然後主持導師以提問方式讓幼兒重述故事發展，或讓幼兒代入成為彼得，看看他們會怎樣回應耶穌的要求。這項活動，能增加活動的互動性和趣味性，幼兒的回答和覆述，有助他們記得故事的內容。

六 體能遊戲

1. 釣魚遊戲

遊戲玩法（一）：

❶ 導師在地上鋪上深藍色的布，請幼兒圍著布邊站好，藍布代表海。
❷ 然後將夾有萬字夾的魚圖片放在藍布上。
❸ 導師派給每位幼兒一枝魚竿，讓幼兒進行釣魚遊戲。數一數誰釣得多。
❹ 要注意，這個遊戲需要有一定的手眼協調能力，對於年幼的幼兒來説，可能會感到困難，導師需要從旁協助和教導。

若時間充裕的話，這個遊戲還有另一種玩法。

遊戲玩法（二）：

❶ 導師準備一些彩紙和各類顏色筆，讓幼兒自行繪製不同的魚，塗上顏色，並將未信耶穌的親友或同學的名字寫在魚肚上。
❷ 然後請幼兒將魚剪出來，並夾上萬字夾，作為遊戲用的魚，進行釣魚遊戲。

2. 撈金魚

做魚方法：

❶ 先請幼兒在顏色紙上畫不同形狀的魚，每條魚約兩吋乘兩吋左右，並將魚剪下來。

❷ 將一個膠樽蓋用白膠漿貼在魚頭或魚腹的位置上。待白膠漿乾。

❸ 導師協助幼兒將未信主親友的名字寫在魚上。

❹ 將一條木筷子用膠紙貼在圓形的咭紙上，作為魚網。

遊戲玩法：

❶ 將魚放桌子上。

❷ 幼兒輪流用手上的魚網，剷到魚的底部，然後將魚盛起來。這個動作好像用鑊剷將煎蛋剷起來一樣。

七 美勞創作

立體美勞創作：海洋生物

導師可在講解時，播放剛才「原來係咁！」的魚類彩圖給幼兒重溫，勾起幼兒對不同種類的魚外型的概念。

可提供多種類物資，讓幼兒以不同物料做出不同海洋生物來。例如：用錫紙和金紙做金魚、用膠袋和報紙做八爪魚、用牙簽和廢紙球做雞泡魚。

八 結束禱告

禱告：天父，感謝祢創造海洋，和海洋中不同的魚，祢手所造的魚，顏色十分美麗，各有不同的本領，只要是天父所造的魚，都是好的。求祢也欣賞我們所造的魚。奉主名求。阿們。

第四課：青蛙

透過今天的活動，幼兒能：

❶ 認識青蛙的外型特徵，由蝌蚪的生長和變態，作息生活，和其他有趣資料。
❷ 認識蛙災是個神蹟，明白大量青蛙走到地面上是違反自然定律的事。
❸ 共同創作青蛙舞，讓幼兒以身體動作回應對青蛙不同成長階段的認識，並抒發感受。
❹ 透過玩障礙賽遊戲，進行大肌肉鍛練，享受團體遊戲帶來的樂趣。
❺ 按年齡和能力分工合作，利用不同物料，合作做一隻青蛙，體驗合作精神。
❻ 製成品會擺放於展示區上，讓所有幼兒欣賞努力的成果，將榮耀歸給創造主。

活動程序及內容：

一 分享、感恩和祈禱

讓幼兒分享過去一個星期所發生的開心和不開心的事，並將之以祈禱感謝或交託給天父。過程中讓幼兒學會尊重別人發言分享，和關心同學的需要，以及分享同學的喜悅。

❶ 在等候幼兒陸續入課室時，可請家長義工或負責導師講一個有關青蛙的故事（約5~7分鐘），讓幼兒在等候期間穩定情緒，準備心情投入活動。但選取故事時要注意內容要正面和喜樂，讓幼兒以愉快的心情迎接主日學。
❷ 導師可以一首《問安歌》，或互相握手説早晨來作活動的開始，讓幼兒熱身。
❸ 先由導師帶頭分享一件值得感恩的開心事情，然後邀請幼兒分享他們的開

心事，或需要代禱的事。**接著導師分享自己一件有關被天父責備的事情(可以是良心上的責備，或者是事件上的後果)，導師要坦誠說出為何會選擇做錯事，以及天父如何教導自己改過**。

❹ 請一至兩位家長義工或負責導師，為上述的一切恩典和需要祈禱。禱文用詞應儘量淺白，讓幼兒明白；家長或導師的說話聲線要響亮，說話速度要適中，使每位幼兒都能清楚聽到。

二 詩歌敬拜

1. 開聲活動

❶ 請幼兒幻想自己是一個氣球，慢慢被吹脹。

❷ 請幼兒先發微弱的"Ah"聲，雙手舉在胸前，稍微分開，代表氣球的大小。

❸ 接著，氣球被吹大，雙手愈發分開，幼兒隨著氣球的漸漸變大而將"Ah"聲漸唱大聲。

❹ 當唱到大聲時，氣球破了，導師一下鼓聲，活動便停止。

❺ 氣球也可以不吹破，而變成被放氣，令氣球漸漸變小，幼兒的唱聲亦隨之漸漸唱輕聲，直至氣球的氣都放了，幼兒的聲音靜止了。

2. 口號、動作與主題曲

❶ 帶領幼兒叫「跳！跳！跳！動物嘉年華！」的口號和做動作。

❷ 唱主題曲：《快樂天地》。

3. 點題歌曲：《青蛙去埃及》

❶ 請幼兒幻想自己是一隻青蛙，請導師輕唱《青蛙去埃及》(見本書頁110)。

❷ 導師重唱此歌，請幼兒輕聲跟著音樂輕聲哼，讓幼兒熟習歌曲的旋律和音調。

❸ 導師一句一句地教幼兒學唱這首歌，慢慢唱，讓幼兒明白自己所唱的內容是甚麼，才能讓幼兒投入參與設計歌曲動作。

❹ 邀請幼兒共同創作相關動作，加強對活動的投入感。

三 原來係咁！

導師請幼兒圍成半圓形坐好，問幼兒有否察覺到今天教會的地板上有些甚麼不同。若有幼兒察覺到地板上的腳印圖案時，導師可引導幼兒探究下去，這究竟是甚麼動物的腳印，從而帶出今天的主角——青蛙。為甚麼腳印是四個一組，並每組都相隔一段距離的？這是青蛙跳躍的距離。

以下的參考問題只是一些建議，導師可因應孩子的興趣和課堂的時間，去選擇「腦力大激盪」的探究項目多寡。

腦力大激盪	教學小貼士
青蛙的外型是怎樣的？ 除了青綠色外，還有其他顏色的青蛙嗎？ 青蛙的叫聲是怎樣的？ 青蛙為甚麼會鼓起肚子？	• 讓大家起研究一下青蛙的眼睛、長卷舌頭、前腳短後腳長的作用吧！天父的設計，簡直完美！ • 實物教材：田雞，青蛙。
青蛙吃甚麼？ 青蛙一般能活到幾多歲？ 青蛙有毒嗎？ 青蛙是獨居還是羣居的？	
青蛙是如何生小青蛙的？ 小青蛙是怎樣從一粒蛙卵變成一隻青蛙呢？	• 介紹青蛙的完全變態過程。 • 實物教材：一缸蝌蚪。
青蛙腳掌上的小吸盤有甚麼用？ 青蛙的跳躍動作是怎樣的？ 青蛙的游泳姿態是怎樣的？	• 我們人類游泳都會學游蛙式哩！潛水員穿的蛙鞋也仿照青蛙的腳掌來設計的。

	• 介紹實物教材：蛙鞋。
為甚麼青蛙能在陸地上生活，也能長時間逗留在水裏呢？天父造牠時給了牠的身體甚麼特別器官呢？	
為甚麼我們在馬路上或公園裏，看不見一隻隻青蛙周圍跳呢？青蛙會一窩蜂走到岸上生活嗎？	解釋蛙災是天父所為，是非自然的現象，是天父特定的安排。
播放有關青蛙生態的影片，讓幼兒觀察不同青蛙的外型美和游泳的優美姿態，以及變態的過程。	• 從影片中指出剛才大家思考過有關對青蛙的認識，鞏固所學。 • 導師亦應請幼兒留意青蛙的跳躍和游泳姿態，以準備緊接下來的律動環節。

禱告：天父，感謝祢創造了不同的青蛙，牠們外型線條美麗，身上又有不同的顏色和花紋，祢又賜青蛙有跳躍和兩棲居住的本領。不論是剛生下來的青蛙卵，還是蝌蚪和長大了的青蛙，祢都看顧牠們，從青蛙身上，我們看到天父的愛。感謝天父祢愛我們。奉主名求。阿們。

四 舞吧！舞吧！

場地佈置：導師將綠色PVC膠紙剪成直徑6吋的圓形或荷葉形膠片，數量與幼兒人數相同，然後不規則地貼在課室的地板上。

道具　　：導師派發絲巾

❶ 當幼兒對青蛙的外型和動作神態有一定的認識後，導師和幼兒一起創作青

蛙舞，動作包括：

- 小小蝌蚪在水裏游（橫向揮動絲巾）
- 小小蝌蚪向上游（向上揮動絲巾）
- 小小蝌蚪向下游（向下揮動絲巾）
- 長大了的青蛙蹦蹦跳

2. 幼兒隨著音樂幻想自己是隻青蛙在游泳時，導師可以隨時敲打手鈴或刮一下刮瓜（如沒有刮瓜，可用木筷子刮膠水樽的坑紋代替）。當幼兒聽到手鈴時，需站到荷葉形膠片上。導師刮刮瓜時，幼兒便可離開荷葉片繼續游泳。如此類推，直至音樂完結。這個活動可訓練幼兒的聆聽和專注力。
3. 配上背景音樂，讓幼兒隨著對音樂的感覺擺動身體，做出／舞出蝌蚪或青蛙來。扮蝌蚪游泳時，最好配以較柔和的音樂，跟蝌蚪的優美游泳姿態呼應。
4. 幼兒可以選擇做怎樣的青蛙。尊重並接納幼兒對青蛙外型和動作的領受。給予空間和機會，讓幼兒表達自己的體會。

五 主題動物故事

聖經故事： 十災中的蛙災

經文出處： 出埃及記七章25節至八章15節

角色　　： 旁白（兼飾演天父的聲音）、法老王、摩西、術士

場地安排： 將道具長布（藍色面向上）放在課室的地板上，令課室劃分為兩個區域，大的是觀眾席，小的是故事表演區。

當幼兒跳完青蛙舞後，導師請幼兒到小區坐下來聽故事。

請旁白導師為幼兒簡述當時以色列人在埃及的苦況，解釋為甚麼摩西要向法老求釋放所有以色列人，並要將以色列人帶離埃及，方法可以是口述並輔以圖書的圖畫，或者是播放「出埃及」的卡通片片段。若大部分幼兒都熟悉這個出埃及的故事，旁白導師可藉著問答法來勾起幼兒對這個故事背景的細節，作為引起動機活動。

故事是這樣的……

旁白	：	法老王要以色列人做很多苦工。以色列人的禱告和痛苦，天父都聽了，便吩咐摩西到法老那裏，要求帶走以色列人。如果以色列人離開埃及，便沒有人做苦工，法老王當然不肯啦。於是，天父便叫摩西，將手杖伸在埃及所有的河裏，將河裏的水弄髒。
摩西	：	法老王不肯讓以色列人離開，我惟有按神的吩咐去做了。
摩西將手杖伸到藍布條上，助教幫忙將布條反轉變成黑布條。		
旁白	：	河水髒得連魚也無法生存，所有人和牲畜都無法去飲用河水。但法老依然不聽話。埃及人只好在沙地挖井取水渴。七天之後，天父又對摩西説話了。
天父	：	摩西摩西，你再去見法老王吧！如果他不肯讓你帶以色列人走，你便這樣這樣這樣説。
摩西到宮殿去見法老王。		
旁白**請幼兒討論：**你認為法老會有甚麼反應？		
摩西	：	法老王，天父要我帶走以色列人，你聽天父的話，讓以色列人走吧。
法老	：	如果以色列人離開埃及，便沒有人做苦工了。不可以。
摩西	：	你若不聽話，天父便叫河裏的青蛙全部都上到陸地上，到宮殿去、到人民住的房屋去、到床上去、到飯桌上去，以及人民的身上去。
法老	：	怎會有這樣的事發生？我才不會這麼傻。
旁白	：	法老他又不聽天父的話，不答應讓摩西帶走以色列人。於是摩西將手杖伸到河裏去，河裏便出了很多青蛙，跳到周圍去。
助教將紙青蛙亂拋到幼兒的身上去，釀成小混亂。		
法老	：	難道我埃及人竟然及不上以色列人？沒可能。對了，這些都是騙人的法術罷了，我埃及的術士一定能勝過他們。
術士	：	法老王，變出青蛙到處跳並不是甚麼大能，我也可以做到啦。（咒語）青蛙青蛙，變變變；

青蛙青蛙，跳跳跳；
青蛙青蛙，出嚟啦！
嘩啦嘩啦，嘩啦啦！變！

旁白　：　這個術士念咒語，他果然變出很多青蛙來遍佈整個埃及地。

助教又將紙青蛙亂拋到幼兒身上去。

法老　：　哎呀，我本來想術士變走青蛙，怎知他們竟愈變愈多青蛙，變得出來卻變不走。現在整個埃及地都是青蛙，弄到所有人都很不開心，很討厭青蛙，令他們不能好好的睡在床上，不能好好吃一頓飯，身上又有青蛙跳來跳去，令人無法生活，怎麼辦好呢？

旁白**請幼兒討論：**如果你是法老，你會怎樣做呢？

法老　：　對了，我要叫摩西來，請摩西求天父，將青蛙趕離皇宮和離開埃及人，返回原來生活的河流溪澗。

摩西　：　我可以代你求天父，但是，你還沒有聽天父的話呢。

法老　：　好吧，如果青蛙離開，我便讓以色列人跟著你離開埃及啦。

旁白　：　後來，摩西離開皇宮後，便向天父呼求，求天父使青蛙離開法老的皇宮和埃及人，天父便使青蛙都離開了。

請幼兒將地上撿著的，或手裏拿著的紙青蛙，全部拋到黑布條上。情況可能會有點混亂，導師可順序以班級來將幼兒分三組，每組輪著出去拋青蛙。

旁白**請幼兒討論：**摩西照法老的要求做妥了，法老會不會真的讓以色列人離開埃及？

旁白　：　法老見青蛙離開了，又有井水飲用，以為一切都平安，便又再心硬，不肯守承諾，不准摩西帶以色列人離開。因此，天父後來便用其他災殃去教訓法老，直到他聽話為止。

導師需要準備會有幼兒問以下的問題，請導師在事前做好資料翻查，以便能將正確的內容向幼兒講述。

- 之後還有幾多個災？是甚麼災？
- 最後為甚麼法老會肯放走以色列人？
- 為甚麼天父不直接將所有埃及兵弄暈，然後讓以色列人逃走？天父甚至可以一次過降火災，那麼法老便會很快放以色列人了嗎？

六 體能遊戲

青蛙跳障礙賽

場地準備： 導師事前用電線膠布在課室的地板上貼一條地線，作為開始線。又在對面貼一條線，作為終點線。在開始線處，貼兩條直線，用作幼兒分兩組排隊之用。導師又在終點前放三個呼拉圈。（詳見本書光碟）

注意事項：

1. 導師將幼兒分成兩組，分組主要目的是縮短幼兒輪候玩遊戲的時間，以減低因等得不耐煩而鼓躁。如果人數不多，可以不分組。
2. 先由導師正確示範一次，讓幼兒明白遊戲玩法。

遊戲玩法：

1. 首先，請幼兒幻想自己是一條小蝌蚪，在起步點排隊。
2. 從起步點開始，身體俯伏在地上，以雙手的手肘支撐身體向前推進。
3. 當游到呼拉圈前，小蝌蚪要變成小青蛙。請幼兒蹲下來以青蛙跳動作跳過前面三個呼拉圈。
4. 然後站起來以蛙式手勢游到終點線。
5. 當幼兒游到終點後，請另一位小蝌蚪進行活動，游到終點的幼兒則站在終點那一面排隊，當所有幼兒都跳都終點後，遊戲活動便結束。
6. 當所有幼兒熟悉如何進行這項遊戲後，導師可安排進行一次青蛙跳比賽。

七 美勞創作

大型立體製作：大青蛙，小青蛙

1. 導師可在講解時，播放剛才「原來係咁！」的青蛙彩圖給幼兒重溫，勾起幼兒對青蛙不同生長階段的外型的概念。
2. 也可以讓幼兒選擇以大紙箱、膠水樽、乒乓球等材料，三五個幼兒一起合作做一隻大青蛙，體驗合作精神。
3. 導師提供多種類物料，讓幼兒以不同物料做出一隻青蛙來。
4. 導師將幼兒的作品放在展示區中，讓幼兒能欣賞到別人的作品。

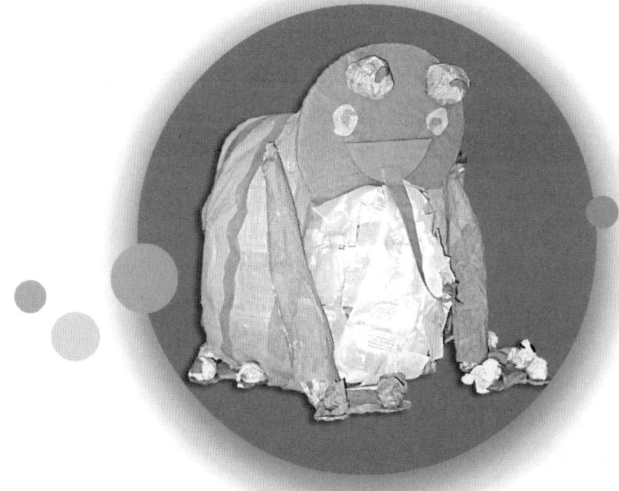

左看看，右看看，原來是隻大青蛙。有吸盤，有捲舌，蚊子飛過給吃掉。

八 結束禱告

禱告： 天父，感謝祢創造河流和湖泊，以及住在其中的青蛙，祢手所造的青蛙，跳躍姿態優美，在水中能游泳，又能跳上陸地，青蛙真有本領，只要是天父所造的動物，都是好的。求祢也欣賞我們所造的小青蛙。奉主名求。阿們。

導師在下課時，可以送給每位幼兒一個派對用的吹氣卷紙筒作為小禮物。（因為吹氣卷紙筒很像青蛙的長舌頭，可以伸縮捲動。）

第五課：蛇

透過今天的活動，幼兒能：

❶ 認識蛇的外型特徵、生活作息和其他有趣資料，讚美天父獨特的創造。
❷ 認識一般的蛇是不會説話的，創世記中出現的蛇，是天父特別的安排。
❸ 共同創作蛇舞，讓幼兒以身體抒發對蛇和音樂的感受。
❹ 透過「分辨善惡大風吹」集體遊戲，培養專注、合作和聆聽指令，及鞏固今天所學到的信息。
❺ 利用不同物料，各自做一節蛇的「身體」，最後將「身體」串起來，做成一條大長蛇，作為對讚美創造的回應。

活動程序及內容：

一 分享、感恩和祈禱

讓幼兒分享過去一個星期所發生的開心和不開心的事，並將之以祈禱感謝或交託給天父。過程中讓幼兒學會尊重別人發言分享，和關心同學的需要，以及分享同學的喜悅。

❶ 在等候幼兒陸續入課室時，可請家長義工或負責導師講一個有關蛇的故事（約5~7分鐘），讓幼兒在等候期間穩定情緒，準備心情投入主日學活動。但選取故事時要注意內容要正面和喜樂，讓幼兒以愉快的心情迎接主日學。
❷ 導師可以一首《問安歌》，或互相握手説早晨來作活動的開始，讓幼兒熱身。
❸ 先由導師帶頭分享一件值得感恩的開心事情，然後邀請幼兒分享他們的開

心事，或需要代禱的事。**接著導師分享自己一件被引誘而做錯了的事。導師要細緻地分享那引誘的吸引力如何大，以至令自己無法站立得穩。當自己知道做錯後，產生的懊悔和罪惡感如何令自己不舒服，要以禱告求天父寬恕才得平安**。

❹ 請一至兩位家長義工或負責導師，為上述的一切恩典和需要祈禱。禱文用詞應儘量淺白，讓幼兒明白；家長或導師的説話聲線要響亮，説話速度要適中，使每位幼兒都能清楚聽到。

二 詩歌敬拜

1. 開聲活動

❶ 今天請小朋友扮小跳豆唱Do Re Me(動作見本書頁102)，先請幼兒蹲下來，縮成一團，變成一粒小種子。

❷ 導師唱"Do"音，或司琴導師彈一個"Do"音，作為大家的音階準則。

❸ 導師請幼兒幻想自己是粒小種子，雙手是兩粒小跳豆。每唱一個音，小跳豆便會在小種子身上向上跳，小種子同時也向上生長。唱到高音"Do"時，小種子已伸長了手腳，長大成一棵小樹苗了。

❹ 當幼兒熟習了由低音唱到高音時(小種子向上長大)，導師可以請幼兒幻想小樹苗想休息，小跳豆也要返回地面去。於是帶領幼兒由高音"Do"唱回低音"Do"，小跳豆也從頭頂跳回鞋面。

2. 口號、動作與主題曲

❶ 帶領幼兒叫「跳！跳！跳！動物嘉年華！」的口號和做動作。

❷ 唱主題曲：《快樂天地》。

3. 點題歌曲：《耶穌愛我》

因為幼兒心靈較柔弱，心中會對魔鬼存有恐懼，但有天父的保護，幼兒的心便會踏實得多。(歌曲見本書頁111)

三 原來係咁！

導師請幼兒圍成半圓形坐好，問幼兒有否察覺到今天教會的地板上有些甚麼不同。當幼兒察覺到地板上有彎彎曲曲的線時，導師可引導幼兒探究下去，這究竟是甚麼動物留下的蹤迹呢？從而帶出今天的主角——蛇。

腦力大激盪	教學小貼士
蛇的外型是怎樣的？ 有眼有口有鼻，有耳嗎？ 蛇的叫聲是怎樣的？ 蛇會説人類的語言嗎？ 還有其他顏色的蛇嗎？ 蛇可以有幾長？ 全世界最大最長的蛇是甚麼蛇？ 蛇可以有幾粗？	以綿繩、筒裝薯片筒、直身水杯、桿面粉木棍、膠水喉、廁紙筒／廚用紙筒等作為教材，讓幼兒容易掌握對粗的概念。
蛇吃甚麼食物的？ 蛇能吞下一隻羊嗎？	蛇無手無腳，但身手和目光靈敏，能吞下比牠體積更大的食物。
蛇為甚麼要脱皮？ 蛇有毒？ 蛇媽媽是如何生小蛇的？	實物教材：蛇皮製品。
蛇的爬行動作是怎樣的？ 可以慢鏡看清楚嗎？ 蛇為甚麼會將身體蜷起來，成為蛇餅？	導師可嘗試以問題刺激幼兒思考：為甚麼印度人吹笛，蛇就懂得站起來？

蛇除了能在陸地上生活，也能在水裏生活嗎？ 我們可以在哪兒見到蛇？ 蛇喜歡住在哪裏？蛇怕甚麼呢？ 蛇冬天要睡覺？	導師也可嘗試以問題讓幼兒找到問題與生活的關聯：為甚麼我們形容人懶惰時會叫人做「大懶蛇」？因為蛇會在冬天冬眠，吃得飽飽，然後動也不動，只是睡覺，直到冬天過去。
播放有關蛇生態的影片，讓幼兒觀察不同蛇的外型，顏色，花紋，以及行走或爬樹的優美姿態。牠們如何保護自己，免受敵人攻擊。	• 從影片中指出剛才大家思考過有關對蛇的認識，鞏固所學。 • 導師亦應請幼兒留意蛇的爬行姿態，以準備緊接下來的律動環節。

禱告：天父，感謝祢創造了不同的蛇，牠們外型線條美麗，身上又有不同的顏色和花紋，祢又賜蛇有爬行和爬樹的本領。雖然蛇沒有手和腳，只是一條肉，但行動敏捷。不論是剛生下來的蛇蛋，還是長大了的蛇，有毒和無毒的，祢都看顧牠們，天父的創造實在奇妙。奉主名求。阿們。

四 舞吧！舞吧！

❶ 當幼兒對蛇的外型和動作神態有一定的認識後，導師和幼兒一起創作蛇舞，動作包括：

- 蛇自由自在地爬：請幼兒俯伏在地上，以肚皮及手肘來將身體向前移動。
- 蛇自由自在地向上爬：請幼兒站好，將雙手緊合，伸高，成「1」字狀，然後隨著音樂身體左右紐曲擺動，擺動時可將身體隨隨降下或升高。
- 蛇將自己身體蜷成蛇餅：先讓幼兒獨自創作，自己將身體蜷曲起來。然後可以進行集體創作，大家搭著膊頭扮長蛇，彎彎曲曲地繞著課室走，然後蛇頭導師帶領幼兒將長蛇圍蜷成大蛇餅。

❷ 配上背景音樂，讓幼兒隨著對音樂的感覺擺動身體，做出／舞出蛇來。

❸ 幼兒可以選擇做大蛇或小蛇。

4. 尊重並接納幼兒對蛇外型和動作的領受。給予空間和機會，讓幼兒表達自己的體會。

五 主題動物故事

聖經故事： 住在伊甸園的蛇

經文出處： 創世記二章8節至三章23節

角色　　： 旁白（兼飾演天父的聲音），生命樹，亞當，夏娃，蛇

場地安排： 導師在地上放上一條長膠藤，將課室劃作兩個地區，大的是觀眾席，小的是故事表演區。

故事是這樣的……

旁白： 天父造了美麗的地球、植物和動物，還有亞當和夏娃，天父為他們安排了一個環境美麗的地方，那就是伊甸園了。他們住在園裏，無憂無慮，樹上有吃不盡的美味果子，餓了便吃，倦了便睡。

此時亞當和夏娃便在另一邊做戲，到處摘生果，十分快樂和自在。

天父： 園中各樣樹上的果子，你可以隨便吃，但是不可以採摘分辨善惡樹上的果子來吃，因為吃了後你必定死。

亞當和夏娃聽天父的話，仍然到處摘生果吃，就是不走近那棵分辨善惡樹。

旁白： 但有一天，亞當跟夏娃各自到一處遊玩，夏娃走到那棵分辨善惡樹附近，她忍不住望過去，見到那棵樹很美麗，在外型上跟其他的樹沒有甚麼分別，心裏想為甚麼天父偏偏不讓她和亞當去摘那樹上的果子來吃呢？就在這時，蛇從分辨善惡樹後出現了。

蛇　： 天父是不是對你說不可以吃園中的果子呢？

夏娃： 園中樹上的果子我們都可以吃，只有分辨善惡樹上的果子我們不可以吃，因為吃了之後，我們會死的。

蛇　： 你們吃了後不一定會死的，因為天父知道你們吃了這果子後，你們的眼睛就會看得更清楚，你們便能好像天父一樣，能知道善惡。吃吧，這果子很好吃的，又甜又多汁。摘下來吃吧。

夏娃： 天父不是對我們說不可以吃分辨善惡樹的果子嗎？但是這果子望上去的確很甜美，而且蛇說，吃了之後，我們會變得聰明，好像天父一樣，能分辨善惡，那不是很好嗎？好吧，先摘一個吃吧，應該沒有事的。

旁白： 於是，夏娃便將果子吃了，然後又給亞當吃，吃完之後，他們的眼睛果然看得更清楚，見到對方沒有穿衣服，頓然覺得很羞愧，於是拿來無花果樹的葉子，為自己編作裙子來遮蔽身體。之後，天父在伊甸園中行走，亞當和夏娃知道天父來了後，便躲在樹後，避開天父。

此時亞當和夏娃將芭蕉葉蓋在身上，然後躲起來。

天父： 亞當和夏娃，你們在哪裏？

導師請幼兒幫天父去找亞當和夏娃。

亞當： 因為我們沒有衣服穿，所以躲起來不敢見你。

天父： 你們怎麼知道自己沒有穿衣服？莫非你們吃了分辨善惡樹的果子？我不是吩咐過你們不可吃那果子嗎？

亞當： 天父啊，這果子是夏娃給我吃的，我是無辜的。

天父： 夏娃，你為甚麼不聽我的吩咐？

夏娃： 是那條蛇引誘我，所以我才吃的。

旁白**請幼兒討論：**你猜天父會如何懲罰亞當和夏娃呢？

天父： 蛇，我要懲罰你，你以後要以肚子來行走。夏娃，你和所有女人，以後生嬰兒時肚子都會很痛。亞當，你以後要勞苦工作，才能從地裏種出食物來。

蛇、亞當和夏娃每聽到天父的懲罰後，表現出誇張的驚訝表情，以示事態嚴重。

旁白： 但是天父亦看顧亞當和夏娃的需要，祂以獸皮為他們作衣服，給他們穿。

此時請亞當和夏娃互相為對方披上虎紋布之後，亞當和夏娃便滿面愁容地慢慢離開課室。

導師需要準備會有幼兒問以下的問題，請導師在事前做好資料翻查，以便能向幼兒講述正確的內容。

- 現在還有生命樹嗎？
- 伊甸園在哪裏？
- 生命樹的果子是蘋果嗎？那麼我以後可不可以吃蘋果呢？
- 是不是所有的蛇都是魔鬼的化身？魔鬼是不是就是蛇？

六 集體遊戲

分辨善惡大風吹

場地準備：將椅子圍成一個大圈，剛好每一位幼兒都有座位。

遊戲玩法：

❶ 請魔鬼導師出來，幼兒必定嘩然，魔鬼導師帶領幼兒由一數到十，然後請幼兒安靜，因為不留心，便會不明白遊戲的規則，那麼他便要把座位讓給魔鬼坐。

❷ 首先魔鬼會從分辨善惡布袋中，抽出一條問題來，然後大聲地向幼兒讀出，並請幼兒一起大聲作答「對」或「不對」。

❸ 若答案是「對」，那麼魔鬼便跪在地上搥打自己心口三下，幼兒安坐在座位上；但若答案是「不對」，那麼幼兒便要起來，離開自己的座位，走到對面的座位坐下來，過程中魔鬼會乘機跟幼兒爭座位，幼兒要迅速行事，免得魔鬼有機會坐下來。

❹ 魔鬼要製造緊張氣氛，不但要跟幼兒爭，還要讓每一位幼兒找到座位坐下來，要讓幼兒有「戰勝魔鬼」的勝利感覺。

❺ 分辨善惡問題建議如下：

- 我扮肚痛騙媽媽，因為我不想上學。(不對)
- 我向媽媽發脾氣，因為我想買玩具，但媽媽不肯，所以我大聲哭。(不對)
- 小明搶了我的機械人，所以我打他。(不對)
- 玩遊戲不守規則。(不對)
- 貪心。(不對)

- 在學校內不聽老師的說話。(不對)
- 隨地丟垃圾。(不對)
- 我將手上的朱古力曲奇餅，分享給同學吃。(對)
- 每次吃完茶點，我都會收拾好桌面，保持地方清潔。(對)
- 我每天都會跟校長、導師和同學說早安。(對)
- 我會安靜排隊，不爭先恐後。(對)
- 我會說溫柔和有禮貌的說話。(對)

七 美勞創作

1. 大型立體製作：紙盒大長蛇

❶ 導師可在講解時，播放剛才「原來係咁！」的蛇圖給幼兒重溫，勾起幼兒對各種類型的蛇外型的概念。

❷ 導師派發盒裝紙巾空盒給幼兒(一人一個)，並提供多種類物資，讓幼兒以不同物料貼在紙盒上，做出一節蛇身體來。

❸ 之後，導師用麻繩或絲帶將一個個漂亮的紙盒串起來，成為一條大長蛇。

❹ 導師將幼兒的作品放在展示區中，讓幼兒能欣賞到別人的作品。

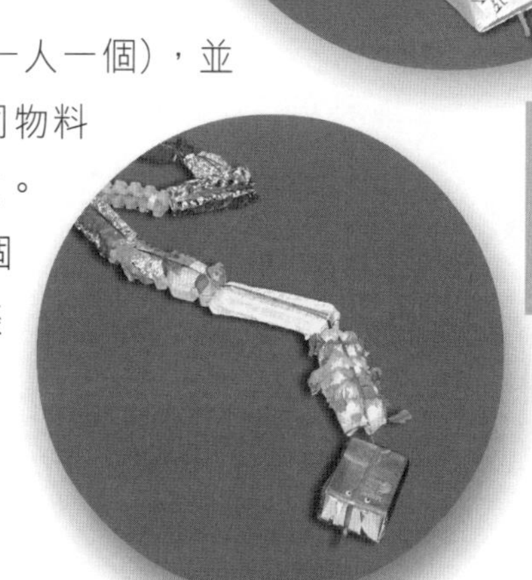

注意到嗎？這兩條蛇其中一條是男孩子造的，另一條是女孩子造的。你能猜到答案嗎？

2. 額外美勞活動：泥膠蛇

❶ 導師事前將泥膠造好(光碟內附說明自製安全泥膠的方法)，最好準備三至四種顏色。

❷ 請幼兒用手將泥膠搓成或捏成一條蛇，幼兒可以單用一種顏色的泥膠去做，或者用多種顏色做成一條七彩的蛇。粗幼、形狀和條紋由幼兒自行去創作。

❸ 這項活動有助鍛練幼兒的小肌肉。

八 結束禱告

禱文： 天父，感謝祢創造美麗的伊甸園，讓人類居住，雖然人類犯罪，但祢仍然愛我們，照顧我們日常所需。祢手所造的蛇，十分靈巧，顏色也很特別，天父所造的動物都是好的。求祢也欣賞我們所造的蛇。奉主名求。阿們。

第六課：羊

透過今天的活動，幼兒能：

1. 認識羊的外型特徵、性情、生活作息和其他有趣資料。
2. 認識羊是羣體動物，不會擅自離開羊羣，順服牧羊人的帶領，有如基督徒與教會和主耶穌的關係。
3. 創作心中喜歡的動物舞蹈，以身體動物回應「動物嘉年華」——天父奇妙的創造。
4. 透過「找迷羊」和「牧羊人話」集體遊戲，培養解難和合作精神，享受遊戲所帶來的樂趣，及加深對「愛與順服」信息的了解。
5. 探索和利用不同物料，合作去製作一隻羊，將幼兒的美勞創作的恩賜化成讚美獻給創造主。

活動程序及內容：

一 分享、感恩和祈禱

讓幼兒分享過去一個星期所發生的開心和不開心的事，並將之以祈禱感謝或交託給天父。過程中讓幼兒學會尊重別人發言分享，和關心同學的需要，以及分享同學的喜悅。

1. 在等候幼兒陸續入課室時，可請家長義工或負責導師講一個有關羊或牧羊人的故事（約5~7分鐘），讓幼兒在等候期間穩定情緒，準備心情投入主日學活動。但選取故事時要注意內容要正面和喜樂，讓幼兒以愉快的心情迎接主日學。

❷ 導師可以一首《問安歌》，或互相握手説早晨來作活動的開始，讓幼兒熱身。

❸ 先由導師帶頭分享一件值得感恩的開心事情，然後邀請幼兒分享他們的開心事，或需要代禱的事。**接著導師分享自己一件有關父母對自己細心呵護和關愛的事情，父母如何清楚知道自己的需要**。

❹ 請一至兩位家長義工或負責導師，為上述的一切恩典和需要祈禱。禱文用詞應儘量淺白，讓幼兒明白；家長或導師的説話聲線要響亮，説話速度要適中，使每位幼兒都能清楚聽到。

二 詩歌敬拜

1. 開聲活動

❶ 請幼兒幻想自己是一隻小羊，請他們先深呼吸，然後發「咩」聲，看看誰最長氣。

❷ 重複兩次，每次之間請幼兒作多次深呼吸，並可建議幼兒大聲發聲，或溫柔地發聲。

2. 口號、動作與主題曲

❶ 帶領幼兒叫「跳！跳！跳！動物嘉年華！」的口號和做動作。

❷ 唱主題曲：《快樂天地》。

3. 點題歌曲：《我是主的羊》

❶ 請幼兒幻想自己手抱著小綿羊，邊搖著小綿羊邊哼著歌。

❷ 先請幼兒以「咩」聲，將歌曲「咩」一至兩遍，讓他們感受這首歌的安祥氣氛。

❸ 導師先唱一次，然後一句句地教幼兒唱。

❹ 加入動作，動作可以請幼兒來創作，令幼兒加強參與和投入感。

❺ 領唱導師可扮作牧羊人，領著幼兒圍著課室走，邊行邊唱，到最後三小節，導師示意幼兒返回座位坐下。

三 原來係咁！

導師請幼兒圍成半圓形坐好，問幼兒有否察覺到今天的地板上有些甚麼不同。若有幼兒察覺到地板上的腳印圖案時，導師可引導幼兒探究下去，這究竟是甚麼動物的腳印，從而帶出今天的主角——羊。為何這些細小的腳印的足迹是直的，而其他動物的足迹卻彎彎曲曲呢？因為羊羣會跟著牧羊人走。

以下的參考問題只是一些建議，導師可因應孩子的興趣和課堂的時間，去選擇「腦力大激盪」的探究項目多寡。

腦力大激盪	教學小貼士
一般來説，大羊有多大？ 羊的外型特徵是怎樣的？ 有多少不同種類的羊？	• 有多少張椅子長？高有幾高？ • 實物教材：參考圖書、圖片或影片。
羊的性格如何？	突出羊兒個性順服，喜愛羣居，並且需要牧羊人照顧的特性。
羊通常住在哪裏？ 羊吃甚麼食物呢？ 小羊何時才能長大成大羊呢？ 小羊是誰照顧大的呢？	
羊如何認得牠的牧羊人？ 牧羊人又如何認得他的羊？ 當牧羊人發現自己的羊不見了，他會怎樣做？	
為甚麼要剪綿羊的羊毛？	• 試以綿花來體驗搓羊毛的過程。

由羊毛到搓成線，再織成衣物，過程是怎樣的呢？	• 實物教材：羊毛筆，羊毛衫，羊毛內衣，毛冷，羊皮手套或手袋，羊毛墊。
播放有關羊生態的影片，讓幼兒觀察不同羊的外型和神態，以及牠們的居住環境。	• 從影片中指出剛才大家思考過有關對羊的認識，鞏固所學。 • 導師亦應請幼兒留意羊走路和休息的形態，以準備緊接下來的律動環節。

禱告：天父，感謝祢創造了羊，羊有溫馴和服從的性格，外型美麗，也有很大的本領。雖然羊兒軟弱，容易受猛獸襲擊，但天父祢卻賜給羊有愛護牠們的牧羊人去照顧和保護牠們，就好像天父祢保護和看顧我們一樣。從羊兒的身上，我們看到天父的愛。感謝天父祢愛我們，讓我們能成為祢的小羊。奉主名求。阿們。

四 舞吧！舞吧！

❶ 當幼兒對羊的外型和動作神態有一定的認識後，導師和幼兒一起創作羊兒舞，動作包括：
- 羊自由自在地在草原上爬行
- 吃草
- 躺臥

❷ 配上背景音樂，讓幼兒隨著對音樂的感覺擺動身體，做出／舞出羊來。

❸ 幼兒可自由選擇做大羊或小羊。尊重並接納幼兒對動物外型和動作的領受。給予空間和機會，讓幼兒表達自己的體會。

❹ 羊是馴良的動物，牠能和其他的動物一起相處。導師以4／4拍子來敲打搖鼓，請幼兒跟著拍子一步一步向空間行走，當導師急敲搖鼓時，請幼兒扮心目中想扮的那種動物，並定型，導師逐一走到幼兒身邊去訪問他扮甚

麼動物，此時亦請幼兒轉動眼睛望一下周圍的幼兒扮甚麼動物，大家互相欣賞同學的姿態。這個活動可以玩三至四次，幼兒每次都可以自選扮不同的動物。

5. 導師讓幼兒自己選擇扮一種在「跳！跳！跳！動物嘉年華！」出現過的動物，然後播《我是主的羊》或《動物嘉年華》音樂。今次導師來扮羊，與幼兒扮的動物一起隨著音樂跳舞，來一次動物嘉年華舞會。

五 主題動物故事

聖經故事：迷失的羊

經文出處：馬太福音十八章12至14節；路加福音十五章4至7節

角色：牧羊人一位

場地安排：見光碟內的圖解，聚會前預備

當動物嘉年華會完畢後，導師安排各動物集合起來坐好，準備聽牧羊人説故事。

當所有動物坐好後，牧羊人施施然走入課室，邊行邊唱《我是主的羊》，唱的時候，可以圍著動物所坐的位置走來走去，直至將歌唱完，站到幼兒前面。

故事是這樣的……

牧羊人：今天的天氣晴朗，萬里無雲，清風送爽。感謝天父，我那一百隻羊兒都肥美強壯又聽話。我也和我的羊兒一起躺在草地上，睡一會兒。

一位導師在課室外，輕輕扮迷羊的叫聲。

牧羊人要裝作聽不見，讓聽見的幼兒為他著急。

在這個時候，其他導師可提議幼兒一起想辦法，喚醒牧羊人。

請導師給予空間和時間，讓幼兒去想和試驗不同的辦法，去喚醒牧羊人。

牧羊人：你們為甚麼叫醒我呢？甚麼？聽到羊兒的叫聲？是嗎？咦，真的

	有羊兒在叫啊。不用擔心啦，我的羊兒從不走失的。這隻走失了的羊，可能是其他牧羊人的羊。

其他導師提醒牧羊人，他應該數一數他的羊，是否一百隻都在這裏。

牧羊人： 好吧。但羊兒這麼多，可否請小朋友幫我將那一百隻羊帶回羊圈內呢？請你們找到羊兒後，將它們放到地上的方格內，一格一隻，可以嗎？

導師請幼兒在課室的每一個角落裏，找尋羊兒，找到了後，將羊兒放在地線格內。

幾分鐘後，牧羊人跟幼兒一起數羊，發現九個羊圈滿了羊，但有一個羊圈則少了一隻羊。

牧羊人： 哎呀，那微弱的羊叫聲，可能就是我那走失了的羊的叫聲。小朋友，你們可不可與我一起去找羊兒呢？

牧羊人可以將那隻羊（羊兒毛公仔）的特徵，跟幼兒説一遍，以加強真實性，和鞏固剛才所學到的羊知識。

大家再次聽到迷羊的叫聲，於是導師引導幼兒嘗試從聽覺去尋找迷羊的所在地，不久幼兒便會發現迷羊不在課室內，而是在課室外，牧羊人和導師鼓勵幼兒走出課室去找迷羊。迷羊導師可以愈走愈遠，從課室門口叫，到副堂叫，到廁所叫等等，跟幼兒玩追蹤遊戲，直至讓幼兒找到迷羊。

當幼兒找到迷羊後，交給牧羊人。牧羊人親吻小羊，邊行邊輕快地和幼兒一起唱《我是主的羊》，將小羊扛在肩上抬牠回課室。

由於幼兒讀數能力有限，以地線幫助他們讀數是更為理想的改良方法。

六 集體遊戲

1. 找迷羊

遊戲玩法：

❶ 首先讓幼兒圍圈坐好，接著邀請一位幼兒成為牧羊人，導師將牧羊人手杖交給他，並找一位成人陪他一同到課室外等候。

❷ 另一邊，導師邀請一位幼兒成為迷羊，並為他戴上羊仔帽，請他站到櫃後面，或請兩位成人拉起床單，請迷羊站到床單後面。

❸ 導師示意請牧羊人回到課室，嘗試猜出哪一位幼兒不見了，猜對了便重新再選牧羊人。若然牧羊人記性不好，請導師或一兩位幼兒給他一點提示。

❹ 這個活動的玩法，對於三歲幼兒來説是較難明白的，因此建議導師們在幼兒面前先玩一次，讓每位幼兒都明白遊戲的玩法，才正式開始進行遊戲。

❺ 如果幼兒人數眾多，建議將幼兒按年齡分組進行活動，讓幼兒能較容易觀察到誰「迷失」了。

2. 牧羊人話

遊戲玩法：

❶ 導師請幼兒坐在地板上，或椅子上，或站起來都可以。但最好是半圓形地排好，讓每位幼兒都能清楚看到導師的動作。

❷ 當導師説：「牧羊人話跳三跳」，幼兒便要跟從牧羊人的話跳三次。指示可以是簡單的動作，以及是唱一首大家都熟悉的歌，甚至是大家繞著課室跑一圈等。

❸ 當所有幼兒都熟習遊戲的玩法後，導師可以進行進階活動，當導師説：「牧羊人話單腳站立」，幼兒跟著做單腳站立；，但若然導師只説：「單腳站立」，並沒有説是「牧羊人話」，那麼幼兒便要站好或坐好不動，因為牧羊人沒有叫羊兒單腳站立。

七 美勞創作

大型立體製作：大綿羊，小綿羊

1. 導師可在講解時，播放剛才「原來係咁！」的羊圖片給幼兒重溫，勾起幼兒對各種類型的羊外型的概念。
2. 三小時班，可以讓每位幼兒自行做一隻羊，從他們對羊的圖片的領受，設計並做出他們心目中的羊兒。
3. 個半小時班，導師將幼兒按年齡分成三班，高班負責做羊頭，中班負責做四隻腳和尾巴，初班就負責做羊身。然後請導師用雙面膠紙將不同部分接合起來，成為一隻立體羊。因為創作過程中，滲透了不同幼兒對羊的理解，因此，製作出來的羊，會十分獨特：羊頭可能是山羊頭，但羊身是綿羊身，四隻腳裏兩隻是英國綿羊的黑腳，一隻是綿羊腳，一隻是羚羊腳。
4. 導師將幼兒的作品放在展示區中，讓幼兒能欣賞到別人的作品。

看！我們的羊兒又白又軟綿綿！

八 結束禱告

禱告：天父，感謝祢創造馴良可愛的羊兒，並為羊兒安排負責任的牧羊人看顧牠們，使羊兒安全和得到照顧。多謝祢讓我們能成為祢的羊兒，在天國的草原上生活。祢手所造的羊，十分可愛，只要是天父所造的動物都是好的。求祢也欣賞我們所造的羊。奉主名求。阿們。

活動大綱及所需物資清單

每日活動流程大綱

為何每天的程序都是大同小異的？對幼兒有何好處？

在相同的程序下，幼兒在心理上會有一定的安全感，這對於年紀較小的幼兒尤為重要。要知道這是一個暑期特別活動，有別於平日的主日學模式。主日學跟正規學校不一樣，幼兒不是天天來，有時是幼兒病了或是父母有事不能來教會，幼兒一個月只來三兩次主日學，故此，熟識的程序有助幼兒情緒平和，儘快適應環境，不會貼著父母不放。另外，安全感會讓幼兒易於在眾人面前表達自己和投入各項活動。

況且活動的次序並非不可更改的，它可按導師的喜好去調動。敬拜的詩歌與點題詩歌可以拆開來進行。點題詩歌可以在故事的前／中／結尾時唱。感恩和分享可以在故事結束時再來一次，加深大家對內容的反思。因此，程序是人定的，內容只是建議和經驗分享，導師應按著自己學生的特質和場地空間，靈活去運用教學內容和時間。

我們建議每項的分配時間如下：

1. 分享、感恩和祈禱　10分鐘
2. 詩歌讚美　15分鐘
3. 原來係咁！　15分鐘
4. 舞吧！舞吧！　5分鐘
5. 主題動物故事　15分鐘

❻ 體能遊戲　15分鐘
❼ 美勞創作　25分鐘
共：100分鐘

以下是《跳！跳！跳！動物嘉年華！》每課的流程大綱和物資清單，時間和人力資源可按安排而自行填寫。

第一課：獅子

是日統籌：　　日期：　/　/

時間	活動及物資清單	人力資源
聚會前	**清理及佈置場地** ○ 按照光碟內的指示，貼上獅子腳印* ○ 用電線膠布在課室地上貼一個四方形作為獅子坑	
	接待和安頓	
___分鐘	**分享、感恩和祈禱** ○ 咪	
___分鐘	**詩歌讚美：主題曲《快樂天地》** ○ 司琴　○ CD機　○ CD	
___分鐘	**原來係咁！** ○ 投影機1部　○ 手提電腦1部 ○ 獅子吼叫聲帶約30秒　○ 中型Lego積木30件 ○ 獅子毛公仔或手偶1~2個　○ 有關獅子的大圖書 ○ 有關獅子的動畫圖片1~2張 ○ 有關獅子的錄影片段（10分鐘） ○ 獅子前掌和後掌的圖印（實物大小）2套	
___分鐘	**舞吧！舞吧！** ○ CD機　○ CD	
___分鐘	**主題動物故事：但以理與獅子坑*** ○ 獅子裝扮*　○皇冠1頂　○ 天使袍1件 ○ 但以理長袍1件	
___分鐘	**體能遊戲：順服獅子急轉輪** ○ 遊戲轉盤*　○ 電線膠布	

時間	活動及物資清單	人力資源
___分鐘	**大型立體製作：一隻大獅子*** ○ 大紙盒 ○ 雞皮紙 ○ 廁紙筒 ○ 雜誌紙 ○ 雙面膠紙 ○ 封箱膠紙 ○ 膠紙 ○ 膠水 ○ 釘書機 ○ 布碎 ○ 剪刀 ○ 飲筒 ○ 乾淨的1公升膠樽4個 ○ 顏色筆 ○ 水筆 ○ 毛冷（啡、橙、紅、黃） ○ 縐紙（啡、橙、紅、黃） ○ 報紙	
	額外美勞活動：獅子面具 ○ 六吋圓形紙碟 ○ 打孔機 ○ 橡皮圈	
	結束禱告	
	相關茶點（任選一兩款） ○ 火腿三文治 ○ 香腸 ○ 脆雞寶 ○ 水／豆漿／維他奶／稀釋果汁	

*場地佈置、道具製作方法及效果，見本書光碟內的圖片及說明。

第二課：雀鳥 是日統籌：＿＿＿＿＿ 日期： / /

時間	活動及物資清單	人力資源
聚會前	**清理及佈置場地** ○ 按照光碟內的指示，貼上雀鳥腳印* ○ 清理房室附近及走廊的空間	
	接待和安頓	
___分鐘	**分享、感恩和祈禱** ○ 咪	
___分鐘	**詩歌敬拜：主題曲和點題曲《大雀鳥，小雀鳥》** ○ 司琴 ○ CD機 ○ CD	
___分鐘	**原來係咁！** ○ 投影機1部 ○ 手提電腦1部 ○ 鳥類圖片約10幅 ○ 介紹鳥類的影片約10分鐘 ○ 實物如燕窩棧1片 ○ 真或仿製鳥巢1個 ○ 真小鳥1籠 ○ 雀粟1包 ○ 草蜢幾隻 ○ 鵪鶉蛋1盒 ○ 有關鳥類的大本圖書	
___分鐘	**舞吧！舞吧！*** ○ CD機 ○ CD	
___分鐘	**主題動物故事：挪亞方舟的白鴿和烏鴉*** ○ 挪亞長袍1件 ○ 手杖1枝 ○ 烏鴉袍和帽1套* ○ 白鴿袍和帽1套* ○ 風雨聲效CD1張 ○ 有嫩葉的樹枝1枝 （樹枝最好是真樹枝，若難搜集，可用膠樹枝替代）	
___分鐘	**體能遊戲：麻鷹捉雞仔或定型鳥兒愛拍照** ○ CD機 ○ 相機1部 ○ 音樂CD1張	

時間	活動及物資清單	人力資源
___分鐘	**立體美勞創作：鳥和巢*** ○ 大紙盒 ○ 錫紙 ○ 釘書機 ○ 金粉膠水 ○ 雞皮紙 ○ 筲箕 ○ 泥膠 ○ 雙面膠紙 ○ 雜誌紙 ○ 飲筒 ○ 布碎 ○ 膠紙 ○ 玻璃紙 ○ 紙杯 ○ 剪刀 ○ 膠水 ○ 廁紙筒 ○ 廁紙 ○ 水筆 ○ 蠟筆 ○ 碎紙條 ○ 彩色羽毛 ○ 鞋盒或小紙盒 ○ 多種顏色的縐紙	
	額外美勞活動：羽毛畫 ○ 白畫紙 ○ 廣告彩 ○ 畫筆 ○ 顏料碗	
	結束禱告	
	相關茶點（任選一兩款） ○ 焓粟米 ○ 鵪鶉蛋 ○ 爆谷 ○ 動物型餅乾 ○ 水果 ○ 水／豆漿／維他奶／稀釋果汁	

*場地佈置、道具製作方法及效果，見本書光碟內的圖片及説明。

第三課：魚

是日統籌：　　　　日期：　/　/

時間	活動及物資清單	人力資源
聚會前	**清理及佈置場地** ○ 在課室的地板上，以電線膠布劃出一條彎曲的線，將課室分成一大一小的兩個區域	
	接待和安頓	
___分鐘	**分享、感恩和祈禱** ○ 咪	
___分鐘	**詩歌敬拜：主題曲和點題曲《天父造了大海洋》** ○ 司琴　○ CD機　○ CD	
___分鐘	**原來係咁！** ○ 投影機1部　○ 手提電腦1部 ○ 魚的圖片15~20張　○ 玩具魚 ○ 鹽水罐頭沙甸魚1罐　○ 魚生1盒 ○ 魚缸養著的魚1缸　○ 魚子1小盒 ○ 有關海洋生物的VCD　○ 魚糧1小袋 ○ 有關魚的圖書　○ 紅蟲1小袋 ○ 真魚骨(洗淨，曬乾水，放入保鮮袋內再存放在冰箱內) ○ 鮮魚1條(最好不要劏，洗淨用透明密實袋入好，讓幼兒觸摸魚的質感，魚鱗和魚鰭)	
___分鐘	**舞吧！舞吧！** ○ CD機　○ CD	
___分鐘	**主題動物故事：彼得捕魚*** ○ 魚網*　○ 膠布　○電線　○ 紙製船槳 ○ 紙帽(帽上寫上扮演的角色名字)	

時間	活動及物資清單	人力資源
___分鐘	**體能遊戲：釣魚遊戲** ○ CD機　○ 音樂CD1張 ○ 夾有萬字夾的魚圖片幾十張 ○ 竹筷子魚竿（一人一枝）（做法：竹筷子綁上長約30cm的幼綿繩，幼綿繩另一端綁上一粒磁石）	
	額外遊戲：撈金魚 ○ 膠樽蓋　○ 白膠漿　○ 木筷子　○ 膠紙 ○ 圓形紙張	
___分鐘	**立體美勞創作：河豚、大魚、八爪魚*** ○ 大紙盒　○ 錫紙　○ 釘書機　○ 金粉膠水 ○ 雞皮紙　○ 筲箕　○ 泥膠　○ 雙面膠紙 ○ 雜誌紙　○ 飲筒　○ 布碎　○ 膠紙 ○ 玻璃紙　○ 紙杯　○ 剪刀　○ 膠水 ○ 廁紙筒　○ 廁紙　○ 水筆　○ 蠟筆 ○ 碎紙條　○ 閃珠片　○ 彩色羽毛　○ 雞尾牙簽 ○ 多種顏色的縐紙　○ 七彩蛋糕紙杯	
	結束禱告	
	相關茶點（任選一兩款） ○ 魚仔餅　○ 魚蛋　○ 魚柳飽（每人四分之一個） ○ 小魚乾　○ 水／豆漿／維他奶／稀釋果汁	

*道具製作方法及效果，見本書光碟內的圖片及説明。

第四課：青蛙

是日統籌：　　日期：　/　/

時間	活動及物資清單	人力資源
聚會前	**清理及佈置場地** ○ 按照光碟內的指示，貼上青蛙腳印* ○ 用電線膠紙為體能遊戲定下界線* ○ 在地上貼上與幼兒人數相等的膠荷葉*	
	接待和安頓	
___分鐘	**分享、感恩和祈禱** ○ 咪	
___分鐘	**詩歌敬拜：主題曲和點題曲《青蛙去埃及》** ○ 司琴　○ 敲擊樂器（手鈴和刮瓜）*	
___分鐘	**原來係咁！** ○ 投影機1部　○ 手提電腦1部 ○ 青蛙圖片約10幅　○ 真青蛙／蝌蚪1缸 ○ 有關青蛙的VCD　○ 有關青蛙的圖書 ○ 玩具青蛙1~2隻　○ 青蛙手偶1~2隻 ○ 蛙泳影帶（或真人示範）　○ 真荷葉2~3塊 ○ 活田雞2隻（放在手提式魚缸內） ○ 不同顏色和大小仿真橡皮青蛙數隻 ○ 蛙鞋1對	
___分鐘	**舞吧！舞吧！** ○ CD機　○ CD　○ 絲巾	
___分鐘	**主題動物故事：十災中的蛙災** ○ 摩西長袍1件*　○ 紙造摩西手杖1枝 ○ 法老的寶座1張　○ 紙頭冠1頂 ○ 術士袍　○ 紙青蛙約30多隻 ○ 深藍長布和黑長布各一條（寬2呎，長10呎，縫合成為一條雙面布條）	

時間	活動及物資清單	人力資源
___分鐘	**體能遊戲：青蛙跳障礙賽*** ○ 電線膠布 ○ 呼拉圈6個	
___分鐘	**大型立體製作：大青蛙，小青蛙*** ○ 大紙盒 ○ 錫紙 ○ 釘書機 ○ 毛絨鐵線 ○ 雞皮紙 ○ 筲箕 ○ 乒乓球 ○ 雙面膠紙 ○ 雜誌紙 ○ 飲筒 ○ 布碎 ○ 膠紙 ○ 廁紙筒 ○ 紙碟 ○ 剪刀 ○ 膠水 ○ 廁紙 ○ 泥膠 ○ 水筆 ○ 蠟筆 ○ 碎紙條 ○ 閃珠片 ○ 膠水樽 ○ 七彩玻璃紙 ○ 多種顏色的縐紙	
	結束禱告	
	相關茶點（任選一兩款） ○ 肚臍餅 ○ 青提子 ○ 烚雞蛋半隻 ○ 水／豆漿／維他奶／稀釋果汁	

*場地佈置、道具製作方法及效果，見光碟內的圖片及説明。

*刮瓜可以用膠水樽代替，以木筷子在膠樽身上下上下地刮。

第五課：蛇

是日統籌：　　　　日期：　/　/

時間	活動及物資清單	人力資源
聚會前	**清理及佈置場地** ○ 按照光碟內的指示，貼上蛇爬行的痕迹*	
	接待和安頓	
___分鐘	**分享、感恩和祈禱** ○ 咪	
___分鐘	**詩歌敬拜：主題曲和點題曲《耶穌愛我》** ○ 司琴	
___分鐘	**原來係咁！** ○ 投影機1部　○ 手提電腦1部 ○ 蛇皮製品　○ 蛇的圖片10~15幅 ○ 圖書　○ 有關的VCD ○ 蛇手偶1隻　○ 玩具蛇或仿真橡皮蛇3~4條	
___分鐘	**舞吧！舞吧！** ○ CD機　○ CD	
___分鐘	**主題動物故事：住在伊甸園的蛇** ○ 長膠藤　○ 樹葉束髮2個* ○ 白色膠布2張　○ 大蕉葉2大塊 ○ 玩具大蛇1條(最好選取顏色鮮艷的為佳) ○ 分辨善惡樹裝扮(啡色布上綑上膠藤枝) ○ 洗乾淨的蘋果1個(用幼繩吊著，讓生命樹導師帶著 ○ 虎紋或豹紋長布條2條	
___分鐘	**體能遊戲：分辨善惡大風吹** ○ 分辨善惡布袋1個(內藏試探問題10條) ○ 魔鬼裝或黑斗篷1件	

時間	活動及物資清單	人力資源
___分鐘	**大型立體製作：紙盒大長蛇*** ○ 大紙盒 ○ 錫紙 ○ 釘書機 ○ 毛絨鐵線 ○ 雞皮紙 ○ 筲箕 ○ 金粉膠水 ○ 雙面膠紙 ○ 雜誌紙 ○ 飲筒 ○ 布碎 ○ 膠紙 ○ 廁紙筒 ○ 紙碟 ○ 剪刀 ○ 膠水 ○ 廁紙 ○ 泥膠 ○ 水筆 ○ 蠟筆 ○ 碎紙條 ○ 尼龍繩 ○ 絲帶 ○ 卡通貼紙 ○ 七彩玻璃紙 ○ 多色手工紙 ○ 多種顏色的縐紙 ○ 盒裝紙巾空盒（一人一個）	
	額外美勞活動：泥膠蛇 ○ 泥膠（3~4種顏色）*	
	結束禱告	
	相關茶點（任選一兩款） ○ 手指餅 ○ 百力滋 ○ 蛇型橡皮糖 ○ 水／豆漿／維他奶／稀釋果汁	

*場地佈置、道具製作方法及效果，見本書光碟內的圖片及說明。

第六課：羊

是日統籌：＿＿＿＿ 日期：　／　／

時間	活動及物資清單	人力資源
聚會前	**清理及佈置場地** ○ 按照光碟內的指示，貼上羊腳印* ○ 事先將過了膠的小羊*用寶貼萬用膠，貼在課室每一個角落，可以是椅子底、柜身、鋼琴側，有些貼在明顯的地方，讓幼小的幼兒能容易找到，有的則可貼在隱蔽角落，滿足高班幼兒的探奇需求。 ○ 事先在地板上用電線膠布，貼上10個長方形，每個長方格內再分10格，每格的空間可足夠放一隻過了膠的小羊。*	
	接待和安頓	
___分鐘	**分享、感恩和祈禱** ○ 咪	
___分鐘	**詩歌敬拜：主題曲和點題曲《我是主的羊》** ○ 司琴	
___分鐘	**原來係咁！** ○ 投影機1部　○ 手提電腦1部 ○ 圖片15~20幅　○ 羊毛筆2~3枝 ○ 羊毛墊1塊　○ 羊皮手套或手袋2~3個 ○ 羊脂膏1瓶　○ 有關羊的圖片圖書5~8本 ○ 玩具羊公仔1個 ○ 羊毛衫(以有毛和柔軟為佳) ○ 羊毛內衣(最好白色和啡色各1件) ○ 毛冷(準備不同粗幼的毛冷線) ○ 有關羊的生態影片(如剪羊毛片段，牧羊人放羊片段)	
___分鐘	**舞吧！舞吧！** ○ CD機　○ CD　○ 搖鼓	

時間	活動及物資清單	人力資源
___分鐘	**主題動物故事：迷失的羊** ○ 牧羊人裝束1套* ○ 寶貼萬用膠 ○ 電線膠布 ○ 毛公仔羊1隻 ○ 過了膠的小羊100隻*	
___分鐘	**體能遊戲：找迷羊和牧羊人話** ○ 羊仔帽1頂* ○ 牧羊人手杖1枝 ○ 床單1張或能完全遮蓋一個人的東西	
___分鐘	**大型立體製作：大綿羊，小綿羊*** ○ 純白棉花 ○ 多色綿花球 ○ 顏色紙 ○ 白廁紙 ○ 廁紙筒 ○ 粗邊雙面膠紙 ○ 白毛冷 ○ 黑毛冷 ○ 雜色毛冷 ○ 白縐紙條 ○ 黑縐紙條 ○ 剪刀 ○ 膠水 ○ 咭紙 ○ 不同呎碼的紙盒	
	結束禱告	
	相關茶點（任選一兩款） ○ 水果 ○ 棉花糖 ○ 焓熟的紅蘿蔔仔 ○ 切段的芝士棒 ○ 水／豆漿／維他奶／稀釋果汁	

*場地佈置、道具製作方法及效果，見本書光碟內的圖片及說明。

音樂篇

我的音樂選擇

當年為「舞吧！舞吧！」選取音樂時，我選用了以下的音樂：

動物	音樂	選取原因
獅子	一首節拍較明顯的非洲音樂	除了加添森林的氣氛之外，重拍位置有如雄獅的出現。
雀鳥	《天鵝湖》	展現雀鳥飛翔的優美姿態。
魚	《藍色多瑙河》	圓舞曲的旋律令人想起在波濤中暢泳的感覺。
青蛙	一首拍子簡單的鼓樂	簡潔的鼓聲有如青蛙的跳躍。
蛇	一首帶有婉柔旋律的中東音樂	有如蛇彎曲的爬行動作。
羊	1.《我是神的羊》純音樂版 2.《動物嘉年華》	1. 跳羊兒舞，與主題吻合。 2. 熱鬧狂歡的動物大合跳。

我邀請了香港電台第四台的節目主持人賴建群先生，為各位推介合適的音樂。導師可以參考我們的選擇，又或者按著自己對該種動物的外型和走動的特性，去選取自己認為合宜的音樂來做舞蹈的背景音樂。

古典音樂的動物踪影

賴建群　香港電台第四台節目主持人

為甚麼要小朋友要聽古典音樂？除了音樂本身動聽之外，成年人可以列舉出更多理由，抽象如「美樂可以滋潤心靈、幫助培育健全品格」，到實際地要為小朋友預備名校的入學試等等。但根據我的經驗，小朋友通常都不明白這些成人的附加理由。要誘發他們對音樂的興趣，還是要回歸音樂本身。

本書提及六種動物，而我們也可以在音樂世界裏找到牠們的踪影。這裏選來幾個例子。要留意的是，作曲家創作與動物有關的音樂時，未必只是單純模仿動物的叫聲或動態，很多時這是音樂帶來的氣氛和感覺。與小朋友欣賞下列作品，可嘗試引起他們對不同場景、氣氛的聯想。

獅子和魚

聖桑：《動物嘉年華》第一段及第七段

Camille Saint-Saën, *Carnival of the Animals*

法國作曲家聖桑以音樂描繪各式動物，其中第一段是「獅子進行曲」，模仿獅子威風凜凜的雄姿。聽聽當中鋼琴的半音階上下行樂句，會否覺得是獅子在咆哮？作品第七段是「水族館」，同樣是鋼琴和弦樂，這裏卻營造出水波盪漾，疑幻疑真的海底世界。

雀鳥

狄崑：《布穀鳥》

Louis Claude Daquin, *Cuckoo*

在音樂世界裏，鳥兒是常客，由夜鶯、雲雀到布穀鳥，還有雞、鷹等親屬，陣容龐大。狄崑的《布穀鳥》是其中名曲，旋律經常模彷鳥兒cu-cu cu-cu的叫聲。

青蛙

《青蛙四季唱遊》、《夜之精靈》

台灣的風潮唱片推出過幾張有趣的唱片，如《青蛙四季唱遊》、《夜之精靈》，將當地數十種不同的蛙類叫聲錄下，配以度身創作的音樂和其他自然界的聲音，成為幾張充滿特色的專輯。透過取樣(sampling)技術，他們甚至令青蛙和其他自然界生物「唱」起歌來，除了有趣之外，亦可以讓小朋友聽聽真正的蛙聲。

蛇

卡泰比：《波斯市場》

Albert William Ketelbey, *In a Persian Market*

在西方音樂中，蛇的出場率極低，故此不妨借用充滿異地色彩的場景。英國作曲家卡泰比創作的名曲《波斯市場》中，以有別於西方音樂常用的調式營造異國情調，至於在這片「異域」中會否「看」見弄蛇人和蛇舞，就留待小朋友去想像了。

羊

巴赫：《羊兒安靜地吃草》

J. S. Bach, *Sheep May Safely Graze*

這首樂曲來自巴赫的宗教清唱劇(Cantata)，由於大受歡迎，被改編成多個器樂演奏版本。在穩定的節奏和綿長的旋律中，羊兒在原野上安逸生活的情景呼之欲出。

「小跳豆」開聲活動

1 1 1 1	2 2 2 2	3 3 3 3	4 4 4 4
do do do do	re re re re	me me me me	fa fa fa fa
（圖 do）	（圖 re）	（圖 me）	（圖 fa）

5 5 5 5	6 6 6 6	7 7 7 7	$\dot{1}$ $\dot{1}$ $\dot{1}$ $\dot{1}$ ‖
so so so so	la la la la	ti ti ti ti	do do do do
（圖 so）	（圖 la）	（圖 ti）	（圖 do’）

動作解釋：

do

身體蹲下來縮作一團，雙手是小跳豆，唱DoDoDoDo時，小跳豆在腳掌上跳四下，每唱一個Do跳一下。

re

身體微微向上升，好像種子在發芽生長，唱ReReReRe時，小跳豆在膝上跳四下，每唱一個Re跳一下。

me

身體再微微上升，小跳豆在屁股上跳四下。

fa

身體已站直，小跳豆在肩膊上跳四下。

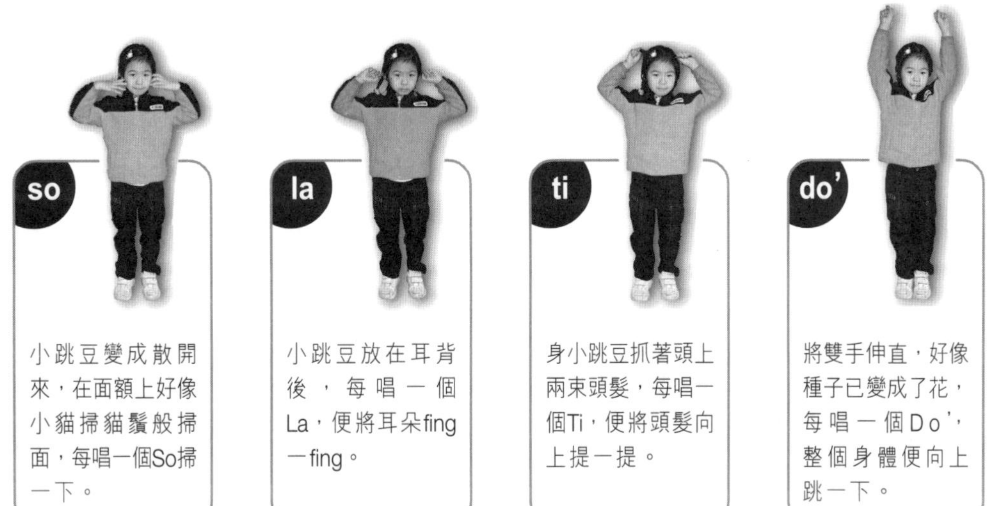

so 小跳豆變成散開來，在面額上好像小貓掃貓鬚般掃面，每唱一個So掃一下。

la 小跳豆放在耳背後，每唱一個La，便將耳朵fing一fing。

ti 身小跳豆抓著頭上兩束頭髮，每唱一個Ti，便將頭髮向上提一提。

do’ 將雙手伸直，好像種子已變成了花，每唱一個Do’，整個身體便向上跳一下。

玩完小跳豆向上跳後，可以繼續玩小跳豆要跳下休息了，請幼兒由Do’唱回Do，當小跳豆回到腳掌上，幼兒身體縮作一團時，導師可以請幼兒躺在地上扮睡覺。「天光啦！」請幼兒起身。

問安歌(一)

選調：F大調

調寄：Happy Birthday to You

拍子：3／4

| 5̣ 6̣ 5̣ | 1 7̣ － | 5̣ 6̣ 5̣ | 2 1 － |

Good morning to you. Good morning to you.

| 5̣ 5 3 | 1 7̣ 6̣ | 0 － 4 | 3 1 2 | 1 － － ||

Good morning, good morning, Good morning to you.

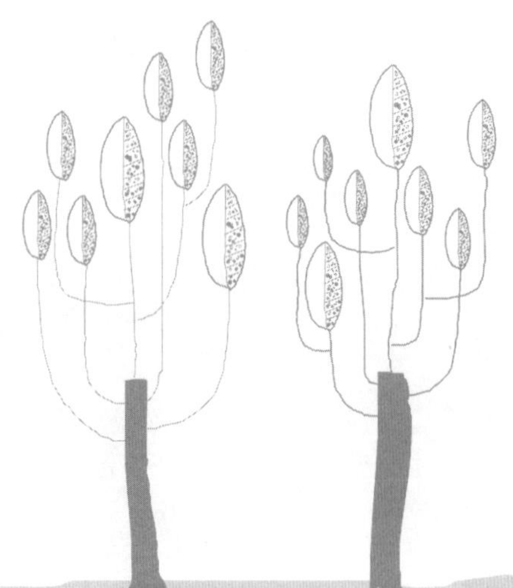

問安歌(二)

選調：C大調

調寄：Mary Had a Little Lamb

拍子：4／4

| 3 2 1 2 | 3 3 3 — | 2 2 2 — | 3 5 5 — |
我 們 來 上 主 日 學， 主 日 學， 主 日 學，

| 3 2 1 2 | 3 3 3 — | 2 2 3 2 | 1— — — ||
我 們 來 上 主 日 學， 老 師 你 好 嗎？

當唱到「老師你好嗎？」，可請幼兒向各位當值老師揮手。
此句亦可作出下列變化：

（第二次尾句唱）**Auntie你好嗎？**
（Auntie是指家長義工媽媽，請幼兒向Auntie揮手）

（第三次尾句唱）**Uncle你好嗎？**
（Uncle 是指家長義工爸爸，請幼兒向Uncle揮手）

（第四次尾句唱）**Hello，你好嗎？**
（向坐在前後左右的小朋友揮手）

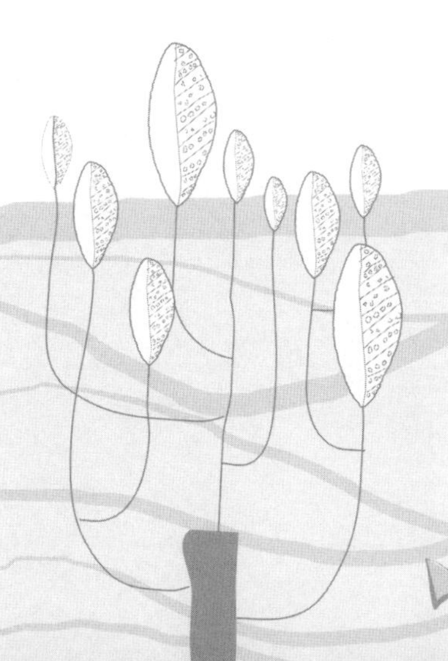

第一課：獅子 是日領唱：（　　　　） 日期：（　／　／　）

主題曲：快樂天地

選調：C大調

拍子：4／4

| 1 1 1 2 7̣ | 1 — 3· 3 | 3 3 4 2 | 3 — 5 — |
雀鳥小貓在 叫，地上 萬物真奇 妙，猴

| 1̇ 6 5 — | 4 3 4 — | 3 — 2 — | 0 — 5 — |
子青 蛙 快樂蹦 蹦 跳。 我

| 7 5 5 3 | 4 — 4 — | 5 4 4 2 | 3 3 3 3 |
衷心感謝 祢，賜 天賜海和 地，萬物屬

| 5 4 3 — | 2 — 1 — ‖
天充滿 生 氣！

（詞：郭多加；歌詞版權蒙ACM允准使用。曲：Heinrich A. H. von Fallersleben；轉載自《聖徒詩歌》〔美國：美國見證出版社，1994〕，第343首。）

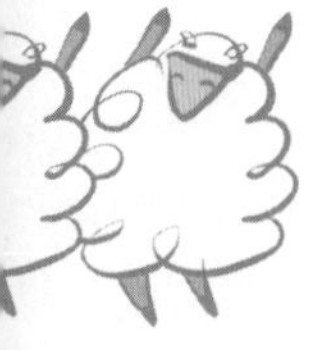

導師在為歌曲繪製歌詞紙或投影片時，可以考慮將該種動物的圖畫來替代文字，例如在「雀鳥」的位置上，以一隻小鳥的圖畫來代替，除了能豐富畫面外，對於識字不多的幼兒來說，圖畫比起文字會更有意思。

第二課：雀鳥　是日領唱：　日期：　/　/

點題曲：大雀鳥，小雀鳥

選調：D大調

拍子：4／4

| 5 3 3 — | 4 2 2 — | 1 2 3 4 | 5 5 5 — |
大 雀 鳥，　小 雀 鳥，　你 在 樹 上　多 逍 遙；

| 5 3 3 — | 4 2 2 — | 1 3 5 5 | 3 — — — |
往 上 飛，　往 下 飛，　天 父 看 顧　你；

| 2 2 2 2 | 2 3 4 — | 3 3 3 3 | 3 4 5 — |
我 比 雀 鳥　貴 重 多，　天 父 更 必　看 顧 我；

| 5 3 3 — | 4 2 2 — | 1 3 5 5 | 1 — — — ‖
讚 美 主，　讚 美 主，　我 心 真 快　樂！

(引自《小小美樂頌》，版權屬浸信會出版社，蒙允准使用。)

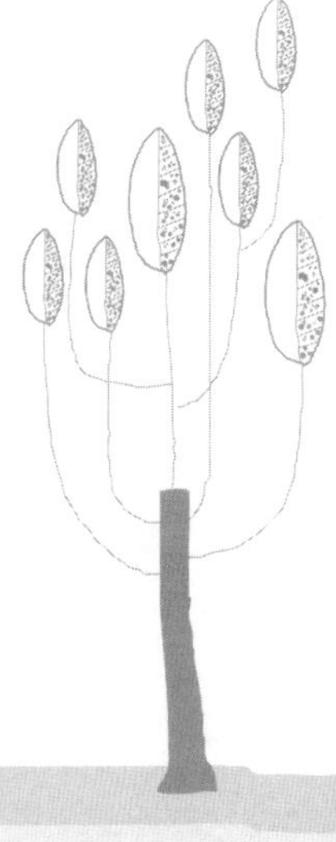

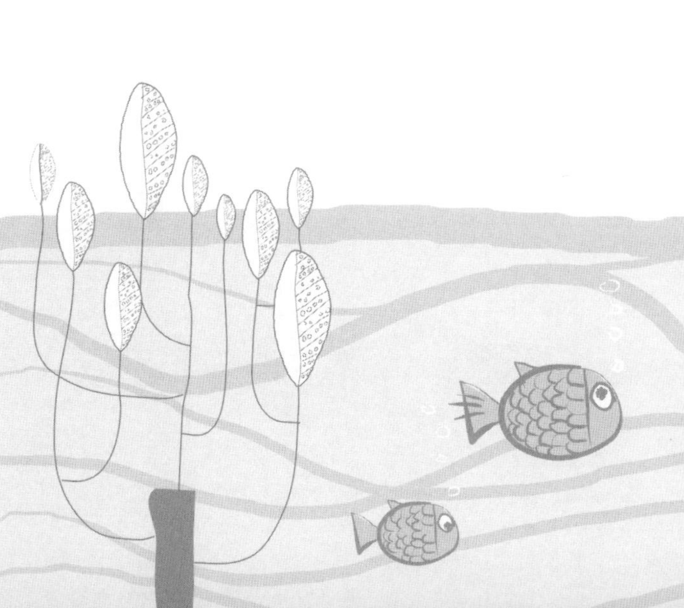

第三課：魚

是日領唱：＿＿＿＿＿＿ 日期：　／　／

點題曲(一)：天父造了大海洋

選調：C大調

調寄：Twinkle Twinkle Little Star

拍子：4／4

| 1 1 5 5 | 6 6 5 — |
天 父 造 了 大 海 洋，

| 4 4 3 3 | 2 2 1 — |
大 海 洋 有 大 鯨 魚，

| 5 5 4 — | 3 3 2 — |
大 鯊 魚， 吞 拿 魚，

| 5 5 4 — | 3 3 2 — |
小 丑 魚， 八 爪 魚，

| 1 1 5 5 | 6 6 5 — |
天 父 造 了 大 海 洋，

| 4 4 5 — | 2 2 1 — |
大 海 洋， 真 漂 亮！

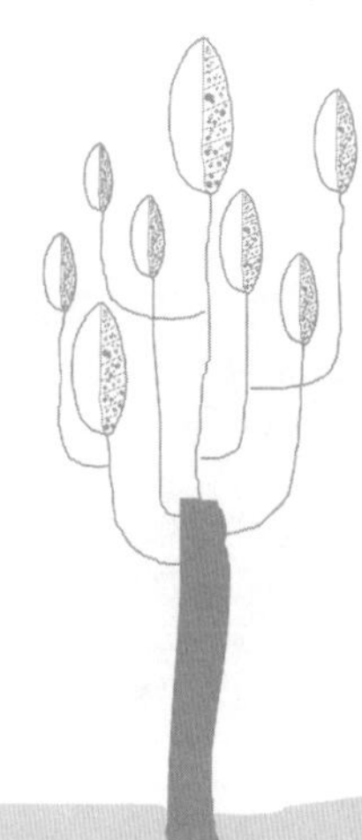

點題曲（二）：天父造了……

選調：C大調

調寄：Mary Had a Little Lamb

拍子：4／4

| 3 2 1 2 | 3 3 3 — | 2 2 2 — | 3 5 5 — |
天 父 造 了 小 海 膽， 小 海 膽， 小 海 膽，
小 海 星， 小 海 星， 小 海 星，

| 3 2 1 2 | 3 3 3 — | 2 2 3 2 | 1 — — — ||
天 父 造 了 小 海 膽， 我 要 愛 護 牠！
小 海 星，

- 讓幼兒填歌詞，將他自己喜歡的海洋生物填進歌曲裏。例如幼兒甲很喜歡海膽，幼兒乙卻喜歡海星，於是歌詞就會有不同的變化。
- 要注意，並非每種海洋生物的名字與歌曲的音調吻合，唱起來未必順耳，但在這首歌並不重要，重點應放在老師、幼兒與歌曲之間的互動和創作，並讓幼兒明白海裏一切美麗的生物都是天父親手所造的，這個概念較為重要。

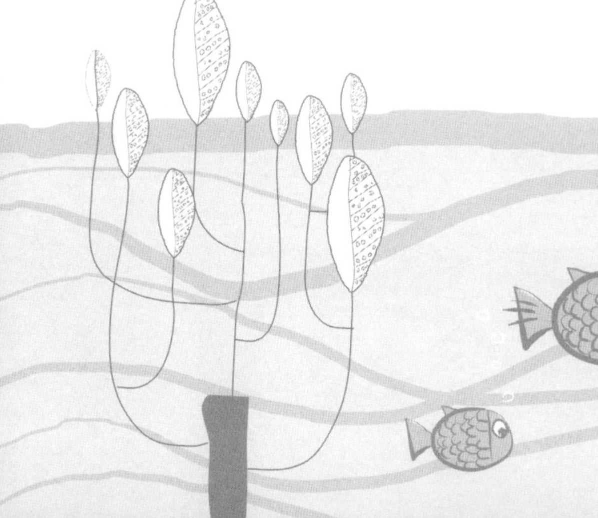

第四課：青蛙　是日領唱：　日期：　/　/

點題曲：青蛙去埃及

選調：C大調

調寄：我是個茶壺肥又矮

拍子：4／4

| 1 1 2 3 3 | 2 1 2 3 1 5̣ | 1 1 2 3 3 | 2 1 2 3 1 — |

❶ 我是隻青蛙 肥 又 矮 呀，我是隻青 蛙 肥 又 矮。

❷ 我是隻青蛙 要 去埃及 呀，我是隻青 蛙 要 去埃及。

| 1 1 1 3 | 5 5 5 — | 5 5 5 6̣ | 1 1 1 — |

這 是 我 的 青 蛙 手，　這 是 我 的 青 蛙 腳，

天 父 要 我 跳 出 來，　天 父 要 我 去 埃 及，

| 1̇ 1̇ 1̇ — | 1 1 1 — | 5 5̣ 5 — ‖

呱 呱 呱，　呱 呱 呱，　哈，哈，哈！

快 D 啦，　快 D 啦，　呱，呱，呱！

第五課：蛇

是日領唱：　　　　日期：　／　／

點題曲：耶穌愛我

選調：C大調

拍子：4／4

| 5 3 3 2 | 3 5 5 — | 6 6 i 6 | 6 5 5 — |
耶穌愛我，我知道，因有聖經告訴我。

| 5 3 3 2 | 3 5 5 — | 6 6 5 1 | 3 2 1 — |
幼小孩童祂牧養，他們軟弱主剛強。

| 5 — 3 5 | 6 i — — | 5 — 3 1 | 3 2 — — |
主　耶穌愛我，主　耶穌愛我！

| 5 — 3 5 | 6 i — 6 | 5 1 3 2 | 1 — — — ‖
主　耶穌愛我，有聖經告訴我。

第六課：羊

是日領唱：（　　　　）　日期：（　／　／　）

點題曲：我是主的羊

選調：D大調

拍子：4／4

||: 5 4 | 3 5 1 3 5 4 3 | 2 5 7 2 — | 2 5 7 2 4 3 2 |
主領 我到青草地,安歇 在 溪 水 旁； 黃 昏時主與我一

| 3 1 5 5 4 | 3 5 1 3 5 4 3 | 2 6 2 4 — | 3• 1 3 2 | 1 — — ||
路同行,牧場 上主 的羊 都得飽 足心快暢， 我 是主的 羊。

i 7 | 6 — — 7 6 | 5 — — 6 5 | 4 — 0 6 5 4 | 5 3 5 i 7 |
青草 地， 溪水 旁， 黃昏 時， 有主與 我 同 行。黑暗

| 6 — — 7 6 | 5 — — 6 5 | 4 — 0 6 5 4 | 3 — — :||
夜， 路崎 嶇， 每一 步 跟隨主 行。

（詞：Orien John；劉福群、何統雄、林翠薇合譯；版權屬宣道出版社所有，獲准使用。）

緊扣時代　服事教會

以文字傳揚基督真道

讀者意見表

衷心多謝你購買本社書籍。本社一直致力以出版事工服事教會，幫助信徒扎根於神的話語，促進靈命增長。為使我們的出版更能滿足你的需要，請填寫下列各項資料，並寄回或傳真予本社。

所購書籍：________________

本書最吸引你的地方：

□作者　□適切性　□文筆　□設計　□實用性

□其他：________________

購買本書地點：

□基道書樓　□基督教書店　□非基督教書店

性別：□男　□女　職業：________________

信仰：□基督徒　□非基督徒

年齡：□ 16 歲或以下　□ 17～25 歲　□ 26～35 歲

□ 36～55 歲　□ 56 歲或以上

學歷：□中三或以下　□中五　□預科

□大學　□研究院

□我欲更多了解基道出版社的事工及考慮支持，請寄給我下列資料：

□機構簡介　□新書資料　□基道會員通訊

□《基道文字事工通訊》

姓名：________________ 電話：________________

地址：________________

____

傳真：________________ 電子郵件：________________

其他意見：________________

____

多謝賜教！

意見表可以傳真（2687-0281）或直接郵寄以下地址：

香港沙田火炭坳背灣街26號富騰工業中心1011室

基道出版社編輯部收